अकबर इलाहाबादी पर एक और नज़र

[आलोचना]

अकबर इलाहाबादी पर एक और नज़र

शम्सुर्रहमान फ़ारुक़ी

उर्दू से हिन्दी अनुवाद एवं सम्पादन

फ़ज़्ले हस्नैन

ताहिरा परवीन

राजकमल प्रकाशन
नयी दिल्ली पटना इलाहाबाद

ISBN : 978-81-267-2288-4

मूल्य : ₹ 200

पहला संस्करण : 2012

प्रकाशक : राजकमल प्रकाशन प्रा. लि.
1-बी, नेताजी सुभाष मार्ग
नई दिल्ली-110 002

शाखाएँ : अशोक राजपथ, साइंस कॉलेज के सामने, पटना-800 006
पहली मंजिल, दरबारी बिल्डिंग, महात्मा गाँधी मार्ग, इलाहाबाद-211 001

वेबसाइट : www.rajkamalprakashan.com
ई-मेल : info@rajkamalprakashan.com

आवरण : राजकमल स्टूडियो

मुद्रक : बी.के. ऑफसेट
नवीन शाहदरा, दिल्ली-110 032

AKBAR ALLAHABADI PAR EK AUR NAZAR
Criticism by Shamsurrhaman Faruqi
Translated and Edited by Fazle Husnain, Tahira Parveen

प्राक्कथन

पद्मश्री जनाब शम्सुर्रहमान फ़ारुक़ी साहब किसी परिचय के मोहताज नहीं हैं। उनका परिचय कराना सूरज को दीपक दिखाना होगा। फ़ारुक़ी साहब का साहित्यिक दायरा बड़ा फैला हुआ है। वो जिस भी तरफ़ अपनी लेखनी का रुख़ करते हैं उसमें एक नया रंग पैदा कर देते हैं। रंग ही क्यों, बल्कि उसकी दिशा और दशा में भी आलोचना के नए-नए आयाम खोल देते हैं जिससे पाठक वर्ग के साथ-साथ नामवर आलोचक भी उनका लोहा मानने में कोई आपत्ति नहीं करते और आपत्ति होती भी कैसे, चूँकि फ़ारुक़ी साहब अपनी गहरी फ़िक्र और विचारों के साथ इतने ऐतिहासिक साक्ष्य भी देते चलते हैं और ये ऐतिहासिक साक्ष्य केवल उर्दू के ही नहीं होते बल्कि अंग्रेज़ी, हिन्दी और पूरे हिन्दोस्तान को ऐतिहासिक पसमंज़र के साथ पेश करते चलते हैं जिससे पढ़ने वाले के पास कोई सवाल नहीं होता कि वह उसे ग़लत साबित करे।

फ़ारुक़ी साहब की तहरीरों से हम वाक़िफ़ हैं, मगर उनकी तक़रीरों को सुनने का यह मेरा पहला मौक़ा था जब इलाहाबाद में, हिन्दुस्तानी एकेडमी के सभागार में 'अकबर इलाहाबादी : औपनिवेशिक व्यवस्था और वर्तमान' विषय पर

2007 में क़ौमी उर्दू काउंसिल बराए-फ़रोग़ उर्दू ज़बान, नई दिल्ली के सौजन्य से एक सेमिनार का आयोजन किया गया था जिसमें फ़ारुक़ी साहब ने सेमिनार का उद्घाटन अपने व्याख्यान से किया था और अपने व्याख्यान में अकबर इलाहाबादी के बारे में जो बातें कीं, उससे पूरे सेमिनार का रुख़ ही मोड़ दिया। सुनते आए थे कि उनकी तक़रीरों का विषय हमेशा से 'बहस तलब' और आलोचना के नए-नए रंगों को खोलता है। (आधुनिकता के विविध आयामों पर होता है)। ऐसा हुआ भी है।

एक जगह फ़ारुक़ी साहब अकबर इलाहाबादी के सिलसिले में कहते हैं—

'अकबर का पहला महत्त्व इस बात में है कि महात्मा गाँधी और इक़बाल, दोनों ने पश्चिम और उसकी तहज़ीब और तालीम को बहुत क़रीब से देखा था, लेकिन अकबर ने मुल्क के बाहर गए बग़ैर उस तहज़ीब और तालीम (शिक्षा) की अलामतों (प्रतीकों) और उसमें छिपे हुए तत्त्वों को समझ लिया था।'

मग़रिब (पश्चिम) या अंग्रेज़ियत का विरोध अकबर के यहाँ एक पूरी विचारधारा के तहत है। यह कोई फैशन अपील, चलती हुई बात पर बैठा हुआ रवैया नहीं है। पश्चिमी तालीम के बारे में उनकी पहली शिकायत यह थी कि 'यह इन्सान को साहब-ए-दिल नहीं बनाती। सिर्फ़ नौकरी के काम का रखती है।' अकबर को Lord Macauluy के इस नोट की ख़बर न रही होगी जो उसने 1835 में लिखा था कि हम हिन्दुस्तानियों को अंग्रेज़ी पढ़ा कर ऐसी नस्ल पैदा करेंगे जो रंग में काली लेकिन दिल से अंग्रेज़ होगी ताकि हम उससे अपनी ज़रूरत के मुताबिक़ काम ले सकें और हमारा नुक़सान भी न हो, लेकिन... इसमें कोई शक नहीं कि अकबर को पश्चिम की अंग्रेज़ पॉलिसी के छिपेपन का पूरा एहसास था। नई शिक्षा के बारे

में अकबर की शायरी देखिए–

नई तालीम को क्या वास्ता है आदमीयत से
जनाबे डारविन को हज़रत-ए-आदम से क्या मतलब

इसी तरह की और भी बातें हैं जो अकबर इलाहाबादी के सिलसिले में फ़ारुक़ी साहब के विचारों से अवगत कराती चलती हैं और जो धारणा हमारे ज़हन में पहले से अकबर के सिलसिले से मौजूद थी, उसमें एक नया रंग और नये सिरे से सोचने और पढ़ने की दावत देती है।

यह मेरी ख़ुशनसीबी है कि मुझ जैसे न अहल (कमज़ोर) को जनाब शम्सुर्रहमान फ़ारुक़ी साहब ने अकबर इलाहाबादी के उर्दू आलेखों को हिन्दी लिपि में करने की इजाज़त दी। फ़ारुक़ी साहब के यह तमाम आलेख बड़े उच्च स्तर के हैं। ये सभी आलेख पढ़ने वालों और सुनने वालों को अपने बहाव में खींच लेते हैं और सुनने वालों को कोई मुश्किल नहीं होती।

कहा जाता है कि हर भाषा की अपनी ख़ूबी और ख़ामी होती है और जिस भाषा में पहली बार लिखा हुआ आलेख अपनी तमाम ख़ूबसूरती और अच्छाइयों के साथ पाठक को अपना हम ख़याल बना लेता है उतना लिप्यन्तर किए हुए आलेखों में वह बात नहीं पैदा होती। फिर भी कोशिश की गई है कि यह पाठक वर्ग को पसन्द आए।

मैं यह बात पूरी ईमानदारी से कहती हूँ कि इन उर्दू आलेखों को हिन्दी लिपि की सूरत देकर मैंने इस पर मेहनत तो की है लेकिन इसकी शीरीनी (मिठास) और संजीदगी (गम्भीरता) को बरक़रार न रख सकी। बाज़ जगहों पर वाक्यों को पूरा करने और शब्दों के तालमेल को बिठाने में मुझे फ़ारुक़ी साहब की अच्छी और गाढ़ी उर्दू के कुछ शब्दों को बदलना और आगे-पीछे करना पड़ा। कुछ जगह हिन्दी के नए शब्दों को रखना पड़ा। यह तमाम आलेख का सारांश, निचोड़

और स्पष्टीकरण उर्दू भाषा पर ही निर्भर करता है, लेकिन हिन्दी पाठकों के लिए यह एक तोहफा है अकबर का।

इसमें अकबर इलाहाबादी पर तीन आलेख शामिल किए गए हैं जिनमें दो आलेखों का हिन्दी अनुवाद मैंने किया है– (1) अकबर इलाहाबादी पर एक और नज़र (2) अकबर इलाहाबादी : औपनिवेशिक व्यवस्था और वर्तमान (3) अकबर इलाहाबादी और शाह एड्वर्ड की दुहाई का हिन्दी अनुवाद वरिष्ठ पत्रकार फ़ज़्ले हसनैन साहब ने किया है।

उम्मीद है कि सभी आलेखों का अनुवाद हिन्दी पाठक वर्ग को पसन्द आएगा।

त्रुटियाँ लेखों में कहाँ नहीं होतीं? इसी तरह हो सकता है कि मेरे लिप्यन्तरण में भी हों। फिर भी मैंने यह कोशिश की है कि मेरी ग़लतियों की परछाई अस्ल लेखक यानी फ़ारुक़ी साहब पर न पड़े। अगर तहरीर में कहीं कोई गुंजलकपन नज़र आए तो यही समझना चाहिए कि मैं उसे स्पष्ट नहीं कर सकी। मेरा ख़याल है कि मैंने फ़ारुक़ी साहब के लेखन को बहुत ईमानदारी से पेश किया है।

–डॉ. ताहिरा परवीन
अतिथि प्रवक्ता, उर्दू
सदनलाल साँवलदास खन्ना महिला महाविद्यालय, इलाहाबाद
(इलाहाबाद विश्वविद्यालय इलाहाबाद)

पुनर्विचार की ज़रूरत के तक़ाज़े

आधुनिक उर्दू शाइरी में अकबर इलाहाबादी का एक अलग ही मुक़ाम है। अलग इसलिए कि न तो वे अपने बाद आने वाले उन आधुनिकतावादियों के लिए आदर्श बन सके, जो पश्चिमी सभ्यता के प्रभाव से परम्परागत विश्वासों और मूल्यों-मानों पर सवालिया निशान लगाते हुए दिखते हैं और न ही उन तथाकथित प्रगतिशीलों के प्रेरणास्रोत बन सके जो विचारधारात्मक आग्रहों के साथ साहित्य को सामाजिक परिवर्तन का सशक्त माध्यम बनाने में रुचि रखते रहे। कुछ विद्वानों को लग सकता है कि अकबर इलाहाबादी का यह विशिष्ट व्यक्तित्त्व ही साहित्य और संस्कृति के क्षेत्र में उनकी सीमा बन गया। परन्तु नवजागरण के जिस दौर में अकबर ने आँखें खोली थीं, उसके समूचे परिदृश्य को ध्यान में रखते हुए अगर हम अकबर के रचनात्मक दाय का मूल्यांकन करें तो निश्चित ही कुछ नए नतीजे निकलते प्रतीत होंगे। सच्ची बात तो यह है कि अकबर की रचनाशीलता का आलोचनात्मक मूल्यांकन करने के लिए ज़रूरी है कि पहले हम नवजागरणकालीन सुधारवाद के वस्तुपरक मूल्यांकन का शऊर अर्जित करें। दूसरी बात यह कि अकबर की रचनाओं का ज़्यादा बड़ा हिस्सा व्यंग्य-प्रधान है,

यह तो ठीक है, लेकिन व्यंग्य को जिस तरह एक अर्से तक संजीदगी या गम्भीरता के दायरे से बाहर की चीज़ माना जाता रहा उसके कारण भी अकबर को समझने में काफी बाधा पड़ी। ग़ौर करने की बात यह है कि अकबर की तंज़िया शाइरी (व्यंग्यात्मक कविता) सिर्फ़ उनकी विनोद-वृत्ति या परिहासप्रियता की परिचायक नहीं है, जैसा कि अक्सर आलोचकों द्वारा माना जाता रहा। उनके कलाम में तंज़ या व्यंग्य के बुनियादी आशयों की नए सिरे से जाँच-पड़ताल की जाए तो पता चलेगा कि उनके यहाँ व्यंग्य कितना बामक़सद है, समाजी और सियासी बेदारी से कितना वाबस्ता।

उर्दू की तंज़िया शाइरी के लिए, यों तो पहले भी सौदा वग़ैरह का नाम लिया जाता रहा लेकिन व्यंग्य के मैदान में अकबर का आना एक ऐतिहासिक महत्त्व की साहित्यिक परिघटना है। अकबर ने अपना अदबी सफ़र रिवायती मिज़ाज की शाइरी से ही शुरू किया था, लेकिन सन् 1884 तक आते-आते उन्होंने जो टर्न लिया, अकबर की अदबी शख़्सियत की अस्ल शिनाख़्त उसी से होती है। ख़ुद अकबर ने अपनी मक़बूलियत का रहस्य इसी 'टर्न' को माना है :

क्योंकर न शेरे-अकबर आए पसन्द सबको,
ये रंग ही नया है, कूचा ही दूसरा है!

कइयों की नज़र में अकबर परम्परावाद के घनघोर पोषक ठहरते हैं, लेकिन यह 'टर्न' जो अकबर ने अपनी शाइरी में लिया, क्या उससे यह पता नहीं चलता है कि वे पारम्परिकता से अलग हटकर चलने का कितना उत्साह रखते थे?

अकबर की शाइरी में गहराई से उतरें तो हम पाएँगे कि जैसा उनको समझ लिया गया, वे उस तरह से रूढ़ परम्पराओं के हिमायती नहीं थे। अकबर के वक़्त की सच्चाई यह है कि आधुनिकता के नाम पर हिन्दुस्तानी समाज में पश्चिमी सभ्यता

और जीवन-शैली का ऐसा विस्तार हो रहा था, जो हमें अपनी ख़ुद की ज़मीन और ख़ुद की जड़ों से विच्छिन्न करने वाला था। अकबर को उसी से शिकायत थी। उन्हें आत्यन्तिक रूप में आधुनिकता-विरोधी समझना नक़्क़ादों और आलोचकों की नज़र की सीमा है। पूर्वाग्रहों से मुक्त और वाक़ई खुली आँखें अगर हमारे पास हों तो हम देख सकेंगे कि अकबर की दिलचस्पी आधुनिकता का विरोध करने में उतनी नहीं थी, जितनी आधुनिकता का एक 'क्रिटीक' (मीमांसा) पेश करने में थी।

भारतीय नवजागरण में मुस्लिम तबक़े से आए पुरोधा के तौर पर सर सैयद अहमद ख़ाँ का नाम बड़े एहतराम और सम्मान के साथ लिया जाता है। अकबर इलाहाबादी ने उन्हें भी अपने व्यंग्य का निशाना बनाया तो इसलिए नहीं कि वे सर सैयद की सभी हिक़मतों और सभी कामों को शक की नज़र से देखते थे। अगर ऐसा ही होता तो सैयद की कर्मठता की तारीफ़ वे आख़िर में यह कहकर क्यों करते कि 'हमारी बातें ही बातें हैं, सैयद काम करता था'? दरअसल, सर सैयद जिस आधुनिकता को परवान चढ़ा रहे थे, अकबर उसके फ़ौरी फ़ायदों से ज़्यादा उसके दूरगामी नतीजों का अन्दाज़ा लगा रहे थे। सन् 1886 में (यानी, 'इंडियन नेशनल कांग्रेस' की स्थापना के लगभग एक ही बरस बाद) सर सैयद ने 'मोहम्डेन एजुकेशनल कान्फ्रेंस' नामक संस्था की स्थापना की और साथ ही यह राय भी क़ायम की कि मुसलमानों को कांग्रेस में शामिल होने से परहेज़ करना चाहिए। सर सैयद ने उन्हीं व्यक्तियों और संस्थाओं को बढ़ावा देने की वकालत की, जो राजभक्त यानी अंग्रेज़परस्त थीं। अकबर इलाहाबादी इन स्थितियों की बुनियाद में छिपी सियासत को समझ रहे थे और उनकी कोशिश थी कि वे सियासी और तहज़ीबी तौर पर ख़ुद का अपना 'स्टैंड' तय कर सकें, यानी सवाल एक ऐसी पक्षधरता के निर्धारण का था,

जो अंग्रेज़ों के अपने समाज के हितों के मुक़ाबिल हिन्दुस्तानी क़ौम के हितों की बात सोचने पर मजबूर करे। अकबर की शाइरी में जिन्हें हर जगह मज़हबपरस्ती या रज़अतपसन्दी नज़र आती है, उनको ग़ौर करना चाहिए कि जब सर सैयद अहमद ख़ाँ जैसे आधुनिकतावादी समाज-सुधारक मुसलमानों को यह हिदायत दे रहे थे कि उन्हें कांग्रेस में शामिल नहीं होना चाहिए, ठीक उसी दरम्यान अकबर इलाहाबादी अपनी मजबूरी छिपाए बिना, यह स्वीकार कर रहे थे—

मदख़ूला-ए-गवर्नमेंट अकबर अगर न होता
उसको भी आप पाते गाँधी की गोपियों में!

बरतानवी हुकूमत में अकबर जिन सरकारी पदों पर रहे, वो उनको इतनी छूट नहीं देते थे कि वे व्यवस्था का सीधा विरोध कर सकें और अपने समय के निज़ाम की विसंगतियों और विडम्बनाओं पर सीधे-सीधे अपनी प्रतिक्रिया व्यक्त कर सकें। इसलिए उन्होंने व्यंग्य का रास्ता अपनाया। यह उस समय के अदब से सामाजिक-राजनीतिक-सांस्कृतिक आकांक्षाओं का तकाज़ा था, जिसे एक संवेदनशील और जागरूक हिन्दुस्तानी के रूप में उन्होंने पहचाना।

अकबर के कई मिसरों को बहुत ही हल्के अन्दाज़ में लिया जाता है। मसलन्, यह शे'र देखें—

शेख़ जी घर से न निकले और यह फ़रमा दिया
आप बी.ए. पास हैं, बन्दा भी बीबी पास है!

इस शे'र का सन्दर्भ यह बताया जाता है कि एक बार अकबर से मिलने कोई आया जिसने अपने विज़िटिंग कार्ड पर अपने नाम के साथ बी.ए. जोड़ रखा था। अकबर ने अपना उक्त शे'र उस विज़िटिंग कार्ड के पीछे लिखकर कार्ड वापस कर दिया। अब अगर इसके यह 'मानी' निकाले जाएँ कि

अकबर किसी के बी.ए. पास होने का मज़ाक़ बना रहे थे तो यह बहुत हल्की बात होगी। दरअसल यह शे'र कहते वक़्त अकबर की मंशा एक बुनियादी सवाल उठाने की थी। वो यह कि ऐसी बी.ए. पास होने की क्या सार्थकता जो महज़ अंग्रेज़ अफ़सरों के दफ़्तरों का मुलाज़िम बनाने भर के काम आकर रह जाए? यह नई शिक्षा-प्रणाली की मुख़ालिफ़त से कहीं आगे बढ़कर एक हिन्दुस्तानी नागरिक के जागरूक मन के तजस्सुस की बात थी; उसकी इस जिज्ञासा की बात थी कि नई शिक्षा-प्रणाली के पीछे अंग्रेज़ी निज़ाम की अस्ल नीयत क्या है? अंग्रेज़ हमें जीवन की सार्थकता का जो नक्शा दिखा रहे थे, उसके बरअक्स एक हिन्दुस्तानी क़ौम के नाते अपने जीवन की सार्थकता ख़ुद तय करने के अधिकार की माँग किस तरह की जा सकती है, उसका एक सलीक़ा अकबर हमें देना चाहते थे। ऊपर जिस शे'र का हवाला हमने दिया, उसका यह मर्म और भी स्पष्ट रूप में उजागर हो सकेगा, अगर हमारे ज़ेहन में अकबर की ये पंक्तियाँ भी रहें–

हम क्या कहें अहबाब, क्या कारे-नुमायाँ कर गए
बी.ए. हुए, नौकर हुए, पेंशन मिली और मर गए

एक तरह से अकबर उस औपनिवेशिक मानसिकता का पर्दाफ़ाश कर रहे थे, जो पश्चिमी सभ्यता और पश्चिम की दासता को 'जस्टीफ़ाई' करने के काम आ रही थी। अकबर रेल वग़ैरह के आने को अपने व्यंग्य की ज़द में ले रहे थे तो इसलिए नहीं कि वे अपने मुल्क़ की तरक़्क़ी नहीं चाहते थे, बल्कि इसलिए कि हिन्दुस्तान में तरक़्क़ी लाने के नाम पर अंग्रेज़ी निज़ाम जिस तरह अपनी जड़ें जमाने का पुख़्ता इन्तज़ाम कर रहा था, उस पर सन्देह करने की ज़रूरत भर की तरफ़ अकबर हमारा ध्यान खींचना चाहते थे। यहाँ भी ग़ौर-तलब है कि सखाराम देउस्कर की किताब 'देशेर बात' (देश की बात) और

फिर महात्मा गाँधी की 1909 में आई किताब 'हिन्द स्वराज' में भी रेल और तार वग़ैरह पर तीखी टिप्पणियाँ की गई हैं। अकबर को नई तालीम और तकनीकी विकास पर व्यंग्य करते देखकर जो लोग अकबर को पिछड़ी सोच का शाइर बताते हैं, उन्हें तो फिर गणेश सखाराम देउस्कर और गाँधी की तत्सम्बन्धी सोच पर भी प्रश्नचिन्ह लगाने होंगे। याद कीजिए, गोखले ने तो 'हिन्द स्वराज' नाम की पुस्तक को 'गाँधी की सनकों का पुलिन्दा' कह दिया था। लेकिन अभी पिछले बरस, 'हिन्द स्वराज' का शताब्दी वर्ष मनाते हुए गाँधी के विचारों को एक नई रोशनी में देखते हुए जिस तरह उनकी प्रासंगिकता की व्याख्याएँ की गईं, क्या उसी तरह अकबर के कलाम की भी नई व्याख्याएँ नहीं हो सकतीं? अकबर को निहायत पिछड़ी हुए सोच का शाइर कहने से बाज़ आकर अकबर की रचनाओं का नया मूल्यांकन क्यों नहीं होना चाहिए?

किसी बड़े व्यंग्यकार की एक ख़ूबी यह भी होती है कि वह दूसरों पर ही नहीं, ख़ुद अपने पर भी हँसना जानता है। यानी उसके व्यंग्य में समाजालोचना का ही नहीं, आत्मालोचना का जज़्बा भी होता है। यह ख़ूबी भी अकबर के यहाँ देखने को मिलती है। मसलन जब वे कहते हैं कि 'शेख़ साहब ख़ुदा से डरते हों / मैं तो अंग्रेज़ ही से डरता हूँ', तो वे अपने व्यंग्य की ज़द में ख़ुद अपने को भी आने का मौक़ा देने में चूकते नहीं। यहाँ पर बताने की ज़रूरत नहीं कि अकबर ख़ुद अंग्रेज़ी निज़ाम की मुलाज़मत में थे और ऐसा होने की मजबूरियाँ उन्हें न महसूस होती रही हों, ऐसा नहीं है।

आज उत्तर-औपनिवेशिक चिन्तन के अन्तर्गत जो वैचारिक मन्थन हो रहा है और पहले की धारणागत संरचनाओं को 'डिकांस्ट्रक्ट' करने की ज़रूरत समझी जा रही है, उसका तक़ाज़ा है कि औपनिवेशिक दृष्टि वाले चिन्तकों के निर्णयों के बरअक्स अकबर जैसे शाइर को नई रोशनी में देखने की

कोशिश की जाए ताकि अकबर की अदबी शख़्सियत की बाबत उर्दू-हिन्दी तनक़ीद में ऐसे नए निष्कर्ष जगह पा सकें, जो वस्तुस्थिति के ज़्यादा नज़दीक़ हों। [शम्सुर्रहमान फ़ारुक़ी साहब जैसा इल्मदाँ अकबर जैसे शाइर पर बहस करेगा तो नतीजे वही-वही नहीं निकलेंगे, अमूमन जिनके हम आदी रहे हैं। इस दृष्टि से इस किताब का अपना महत्त्व है।] इसमें फ़ारुक़ी साहब का एक मज़मून, जो उन्होंने इलाहाबाद संग्रहालय द्वारा आयोजित एक व्याख्यानमाला के अन्तर्गत पढ़ा था और जिसे संग्रहालय ने ही 'अकबर और शाह एड्वर्ड की दुहाई' नाम से एक स्वतन्त्र पुस्तिका के रूप में छापा भी, वह भी शामिल है; साथ ही अकबर पर आयोजित कुछ अन्य गोष्ठियों में दिए गए व्याख्यान भी।

एक सुखद संयोग यह भी है कि हिन्दी में इधर जिन बड़े कवियों के शताब्दी वर्ष से सम्बन्धित आयोजन हो रहे हैं, उनमें से एक नागार्जुन भी हैं। हिन्दी कवि नागार्जुन अपने समय की राजनीतिक विसंगतियों पर तत्काल प्रतिक्रिया करने वाले एक ऐसे कवि हैं, व्यंग्य के क्षेत्र में जिनकी अचूक अभिव्यक्तियाँ उर्दू शाइर अकबर के तंज़िया मिज़ाज से कई जगह मेल खाती प्रतीत होती हैं। हिन्दी आलोचना में नागार्जुन की कविता पर भी अकसर वही-वही आपत्तियाँ उठाई जाती रहीं जो उर्दू कविता में अकबर इलाहाबादी के मुतअल्लिक उठाई गईं। लेकिन आज नागार्जुन की कविता का पुनर्मूल्यांकन करते हुए उनकी कविता की अपनी विशेषताएँ सामने लाई जा रही हैं और उन्हें हिन्दी के बड़े कवि के रूप में प्रतिष्ठा मिली है। *हिन्दी समाज उर्दू कवि अकबर के अशआरों से भी भली-भाँति परिचित रहा है। लेकिन इस परिचय का दायरा और बढ़े,* इसके लिए अपेक्षित है कि अकबर की शख़्सियत को नागार्जुन के व्यक्तित्व के समानान्तर रखकर देखा जाए। इसका उद्देश्य कतई यह न हो कि नागार्जुन और अकबर को एक ही ज़मीन

पर खड़ा कर दिखाना है, बल्कि यह हो कि अपने-अपने वक़्त की विसंगतियों के प्रति सजगता के लिहाज़ से दोनों कवियों के तेवर की प्रासंगिकता की तजवीज़ की जा सके। *इस दृष्टि से अकबर इलाहाबादी पर फ़ारुक़ी साहब की इस किताब का, नागार्जुन जैसे हिन्दी कवि के शताब्दी वर्ष पर शाया होना विशेष अर्थपूर्ण माना जा सकता है। उर्दू-हिन्दी की साझा विरासत को समझने में इससे हमें मदद मिल सकती है।*

इस किताब में फ़ारुक़ी साहब के मज़मूनों का हिन्दी अनुवाद फ़ज़्ले हसनैन और डॉ. ताहिरा परवीन ने किया है। हिन्दी समाज को इन दोनों के प्रति कृतज्ञ होना चाहिए कि अकबर इलाहाबादी के व्यक्तित्व के पुनरावलोकन की उत्सुकता को हिन्दी पाठकों के सामने उजागर किया।

–प्रोफेसर राजेन्द्र कुमार

पूर्व विभागाध्यक्ष, हिन्दी विभाग
इलाहाबाद विश्वविद्यालय, इलाहाबाद

अनुक्रम

अकबर इलाहाबादी पर एक और नज़र

अकबर इलाहाबादी पर एक और नज़र

इसमें कोई शक नहीं कि अकबर इलाहाबादी की अपने दौर में, बल्कि उनकी मौत के कई वर्ष बाद तक भी बहुत कद्र हुई। ज़माने ने उन्हें 'लेसानुलअसर' (ज़माने की ज़बान, अपने समय का तर्जुमान) का ख़िताब दिया। इक़बाल ने जब हास्य-व्यंग्य की नज़्में कहीं तो कहा गया कि यह 'अकबरी-रंग' का कलाम है। सर सैयद से अकबर को हज़ारों विरोध थे लेकिन सर सैयद के दिल में अकबर की बड़ी कद्र थी और सर सैयद ने कोशिश करके अकबर का तबादला अलीगढ़ कराया, ताकि उन्हें अकबर का साथ हासिल हो। अकबर के काव्य-संग्रह के तीन खंड उनकी ज़िन्दगी में प्रकाशित हुए और बहुत वर्षों तक बार-बार छपते रहे। मेरे सामने काव्य-संग्रह प्रथम खंड का ग्यारहवाँ संस्करण (1931) और पाँचवाँ संस्करण (अप्रैल, 1940) हैं। अकबर के समकालीन में सिर्फ़ इक़बाल को ही ऐसी ख्याति[1] मिली। ख़ुद इक़बाल और अकबर में विरोध के बावजूद दोस्ताना सम्बन्ध थे जो आख़िर तक क़ायम रहे। इक़बाल ने अकबर के एक शे'र के बारे में लिखा है कि इसमें हीगल के सारे दर्शन का निचोड़ हीगल से बेहतर अन्दाज़ में आ गया है।

इन सब बातों के बावजूद यह भी हक़ीक़त है कि अकबर की प्रसिद्धि और महानता का मापयन्त्र उत्थान से पतन की ओर रहा है। उनके काव्य-संग्रह के प्रकाशित होने की तारीख़ इसका सुबूत है। अकबर का वह कलाम ज़्यादा प्रसिद्ध हुआ जो पहले-पहल सामने आया। अप्रैल 1936 तक

काव्य-संग्रह के सिर्फ़ पाँच संस्करण निकले। काव्य-संग्रह का चौथा खंड 1948 ई. में प्रकाशित हुआ। 'गाँधी नामा' पहली बार 1948 ई. में प्रकाशित हुआ। इसके बाद न तो काव्य-संग्रह छपा, न ही 'गाँधी नामा'। आज के ज़माने में जब हर ऐरे-गैरे पर किताब नहीं तो शोध ग्रन्थ ज़रूर लिखा जा रहा है मगर अकबर पर कोई क़ाबिले-ज़िक्र काम नहीं हुआ है।

अकबर की आलोचना के सिलसिले में पहली अहम परेशानी यह है कि अकबर की शोहरत और सम्मान में इस कद्र कमी क्यों हुई? इसी से यह सवाल भी पैदा होता है कि क्या यह कमी सच्ची है? सही बात यह है कि अकबर के बारे में हमारी आलोचना ज़्यादातर 'कहें कि न कहें' का ज़्यादातर शिकार रही है बल्कि 'न कहें' ज़्यादा रहा है और 'गो कहें'[2] कम। यानी अकबर के कलाम को इतना तहदार इतना मानीख़ेज़[3] तौर पर इतना मज़बूत नहीं समझा गया है कि उसके बारे में देर तक ज़्यादा बात हो सके। इसके दो कारण हैं। एक तो यह कि हमारे यहाँ यह ख़याले-आम है कि तंज़िया-मज़ाहिया (हास्य-व्यंग्य) शायरी हंगामी और अस्थायी होती है।

मुज़्तबा हुसैन लिखते हैं :

"तंज़ ओ ज़राफ़त[4] (हास्य-व्यंग्य) अपने ख़मीर के लिहाज़ से हंगामी और वक़्ती होती है। और हालात-ए-हाज़रा (आज की परेशानी) से उसका सम्बन्ध वक़्ती और गहरा होता है :यही वजह है कि वक़्त गुज़र जाने पर तंज़ ओ ज़राफ़त[5] के बाज़ बेमिसाल शाहकार[6] भी फीके पड़ जाते हैं और बाज़ बिलकुल ख़त्म और मुर्दा हो जाते हैं।"

यहाँ तक पहुँच कर मुज़्तबा हुसैन को ख़याल आता है कि इस तरह तो पूरे हास्य-व्यंग्य साहित्य ही की जड़ कट जाएगी। इसलिए वो पहलू बदलकर कहते हैं, "यह समझना कि ज़राफ़त-निगारी[7] और तंज़-निगारी[8] (हास्य-व्यंग्य शायरी) में कोई भी ताक़त और मज़बूती नहीं होती, ग़लत है। यह ज़राफ़त निगार (मज़ाक़ करने वाले) और तंज़ निगार (व्यंग्य करने वाले) के समाजी तरीक़े की मज़बूती और सही या ग़लत रुख़ पर निर्धारित है। अकबर की ज़राफ़त (हास्य-परिहास) का रुख़, कितने अफ़सोस की बात है ज़्यादातर ग़लत रहा, उनके कलाम का ज़माना बहुत जल्द गुज़र गया।"

यानी यूँ तो तंज़-ओ-ज़राफ़त (हास्य-व्यंग्य) अपने मिज़ाज़ और अपने

सन्देश के एतबार से वक़्ती और थोड़े वक़्त के लिए महत्त्व रखती है। लेकिन अगर हास्य-व्यंग्य का समाजी विवेक आदि इसी तरह का हो जैसा कि मुज़्तबा हुसैन को चाहिए, तो व्यंग्य व हास्य को वक़्त के क़साइयों के कूड़ेख़ाने से बचा लाने की उम्मीद पैदा हो सकती है। लेकिन अफ़सोस कि अकबर इलाहाबादी की ज़राफ़त (परिहास करने वाले) का रुख़ और उनका समाजी विवेक कच्चा था। इसलिए अकबर को दरबार में बाक़ी रहने के लिए जगह नहीं मिल सकती।

मुज़्तबा हुसैन के ख़यालात पर बहस की गुंजाइश मुमकिन नहीं, लेकिन यह बात बहरहाल दिमाग़ में रखने की है कि उनके कथन प्रतिकूलता के शिकार हैं। अगर हास्य-व्यंग्यकार दुनिया के हालात से नाख़ुश होकर ज़माने और ज़माने वाले को अपना लक्ष्य बनाता है तो कुछ या बहुत से लोगों पर इसकी विचारधारायी मार भी पड़ेगी। यह मुमकिन ही नहीं है कि तंज़ निगार का तरीक़ा (या समाजी शऊर, विवेक या जो भी कहें) ऐसा हो कि तमाम लोग और ख़ासकर बाद के लोग इससे सहमत हों। उर्दू के आम आलोचकों की तरह मुज़्तबा हुसैन भी व्यंग्य की असलियत (सच्चाई) से बेख़बर थे। वह यह बात नहीं समझ सके थे कि वह व्यंग्य ही नहीं जिसे हर आदमी सही समझे। व्यंग्यकार किसी न किसी गिरोह का समर्थक और किसी न किसी गिरोह का विरोधी होता है। अकबर के सिलसिले में इस बात का ख़याल न रखने की वजह से और अकबर के अक्सर विचारों से सहमत न होने की वजह से हमने यह फ़र्ज़ कर लिया कि अकबर के व्यंग्य का हास्य तत्व अब ख़त्म हो चुका है या ख़त्म हो जाना चाहिए।

लेकिन बात सिर्फ़ इतनी ही नहीं है। अकबर के हवाले से जो बात तमाम हास्य-व्यंग्य साहित्य की आलोचना के लिए ख़ास बन जाती है, वह यह है कि साहित्य के दरबार में हास्य-व्यंग्य का दर्जा क्या है? क्या वजह है कि हम शायरी को दो भागों में बाँटते हैं और एक को ज़रीफ़ाना, तंज़िया (व्यंग्य) आदि कहते हैं और दूसरी को संजीदा (गम्भीर) कहते हैं? क्या इसका मतलब यह नहीं निकलता कि हम ज़रीफ़ाना तंज़िया शायरी को ग़ैर संजीदा (गम्भीर) समझते हैं यानी गम्भीरता (प्रतिष्ठा, अभिमान, ऊँचे अर्थों, वक़ार ओ तमकनत, प्रतिष्ठा के दर्जे से गिरा हुआ समझते हैं। और इसकी क्या

वजह है कि हम ज़रीफ़ाना तंज़िया शायरी को दूसरे दर्जे की शायरी समझते हैं। फ़हशगोई (फ़क्कड़ शायरी) की बुनियाद पर जाफर जट्टली या नज़ीर अकबराबादी को बाज़ लोग ग़ैर विश्वस्त ज़रूर समझते थे लेकिन उनके काव्य-संग्रह में हर तरह का कलाम एक साथ मिलता था। इक़बाल की तरह उन्हें 'ज़रीफ़ाना' कलाम के लिए अलग से शीर्षक रखने की ज़रूरत न थी। मुज़्तबा हुसैन, और मुज़्तबा हुसैन ही क्यों, हमारे अकसर आलोचकों को कवि नासिख़ बहुत बुरे मालूम होते हैं। अफ़सोस है कि उन्हें नासिख़ के कलाम से ज़राफ़त की बहार या ख़ुशबू नहीं आती।

असल मामला यह है कि हमारी ज़्यादातर आलोचना ने अपने उसूल विक्टोरियाई अंग्रेज़ आलोचकों के मॉडल पर बनाये। चालीस-बयालीस साल पहले जब मैंने अंग्रेज़ी के दो बड़े हास्य-व्यंग्य कवि–डारविन और पोप के बारे में मैथ्यू ऑरनॉल्ड का यह फ़ैसला पढ़ा कि डारविन और पोप हमारी शायरी के नहीं, बल्कि गद्य के बड़े अच्छे काम करने वाले हैं, तो मेरे दिल पर अजीब धक्का लगा और यह धक्का ग़ुस्से में बदल गया। जब मैंने एक और विक्टोरियाई आलोचक का यह बयान पढ़ा कि डारविन दूसरे दर्जे के कवियों में मशहूर हैं तो मैंने सोचा इससे अच्छा तो कम्बख़्त ऑरनॉल्ड ही था कि उसने डारविन को शायर ही न माना, मामूली या ख़राब शायर कह कर बुरा-भला तो न कहा। फिर भी जब मैंने देखा कि मैथ्यूऑरनॉल्ड अपनी तमाम अच्छी तबीयत और चासर के लिए आस्था का रवैया रखने के बावजूद चासर को बड़े कवि की लाइनों में जगह नहीं देता, क्योंकि चासर के यहाँ ज़राफ़त प्रत्यक्ष होती है। और उसमें High Seriousness नहीं, तो मुझे मालूम हुआ कि फ़िराक़ साहब जिस 'आला संजीदगी' (बड़ी गम्भीरता) की माँग शायरी से करते हैं उसका नुस्ख़ा उन्हें कहाँ से मिला है। अब यह बात अलग है कि बीसवीं सदी का मौसमे-बहार ख़त्म होते-होते अंग्रेज़ी आलोचक भी अपने विक्टोरियाई पेशे-दौर के आगे चलने वालों की तंग नज़री और कम देखने पर शर्मिन्दा हो कर उनके विचारों को बिलकुल अस्वीकृत कर चुके थे। और चासर, डारविन और पोप ही की शायरी नहीं, बल्कि नौजवान बायरन की लम्बी व्यंग्य कविता English Bards and Scotch Reviewers को भी बड़ी शायरी में सम्मिलित करने लगे थे। लेकिन हमारे उर्दू आलोचकों

ने कॉलेज में जो सबक़ पढ़ाया था वह उनके दिमाग़ों पर नक़्श (याद) था।

यही वजह है कि अकबर की कल्पनाओं की रक्षा करने के बाद वक़ार अज़ीम ने जब उनकी शायरी की अच्छाइयों की तरफ़ ध्यान दिया तो अकबर की व्यंग्य शायरी उनके ज़हन से बिलकुल तन्मय हो गई। और वह अकबर की ग़ज़लों में फ़लसफ़-ए-जज़्बात, तग़ज़्ज़ुल (ग़ज़ल का रंग) और उनकी बाज़ कविताओं में 'नेचुरल शायरी' जैसी ख़यानी चीज़ें तलाश करने लगे।

क्या वजह है कि अगर आप किसी से उर्दू के छह (Six) बड़े शायरों या दस (Ten) की सूची बनाने को कहें तो उसे अकबर याद न आएगा। एहतेशाम साहब ने विवेक से ज़रूर कहा है कि अकबर हमारे बड़े शायरों में है। लेकिन जिस ताक़त और निरन्तरता से दूसरे बड़े कवियों का ज़िक्र हमारे आलोचकों ने किया है उसकी मिसाल अकबर के बारे में नहीं मिलती। आले अहमद सुरूर साहब ने ठीक लिखा है, "नई पीढ़ी अकबर के आर्ट के हुस्न से अब भी लुत्फ अंदोज़ हो सकती है और मज़े की बात तो यह है कि शायद जिन पर उनका वार सबसे ज़्यादा घातक है वही उनके अशआर (पंक्तियों) से ज़्यादा मज़े उठाते हैं। यही शायर का इनाम है।" लेकिन क्या सुरूर साहब अकबर को इक़बाल के बाद बीसवीं सदी का दूसरा बड़ा शायर मान सकते हैं? अगर नहीं तो उन्हें और हम सबको उसकी वजह बयान करनी होगी। ख़ुद मेरी नज़र में अकबर के कलाम में इक़बाल के कलाम जैसी गहराई, फैलाव और फ़िक्रीशान न सही, लेकिन पहलू अकबर के यहाँ ज़्यादा हैं। यानी अकबर के हास्य-व्यंग्य को अगर नज़र-अन्दाज़ भी कर दें तो भी उनकी ग़ज़लों का सरमाया इतना फैला है कि उसी के बलबूते पर वह उर्दू के क़ाबिले-ज़िक्र शायरों में सम्मिलित हो सकते हैं।

ग़ज़ल की हैसियत से अकबर अपने गुरु वहीद इलाहाबादी से ज़्यादा उच्च कोटि के हैं। वह अपने गुरु से ज़्यादा बड़े हैं बहुत ज़्यादा कहने वाले और आतश-ओ-नासिख़ की ख़यालबन्दी को उन्होंने बड़ी कामयाबी से निभाया है। लिहाज़ा, अकबर इलाहाबादी का अध्ययन इस पहलू से भी किया जाना चाहिए कि नासिख़, आतश, ज़ौक़ और ज़फ़रअली ख़ाँ, नसीम और ख़ासकर अपने क़रीबी हमअस्र अब्दुल अलीम आसी की ख़यालबन्द ग़ज़ल के सन्दर्भ में अकबर का क्या दर्जा है। यह बात भी देखने की है कि अरबी

और फ़ारसी पंक्तियाँ और वाक्यों की मिलावट जिस अधिकता से इक़बाल के यहाँ है, लगभग उसी कसरत से अकबर के यहाँ भी है। हममें से ज़्यादातर लोग इक़बाल के बारे में ख़याल करते हैं कि उन्होंने फ़ारसी-अरबी को उर्दू अशार (पंक्तियाँ) में बड़ी ख़ूबी से खपाया है, यह बात बिलकुल सही है। लेकिन इस हक़ीक़त के पेशे-नज़र कि अकबर उम्र में इक़बाल से बहुत बड़े थे और वह इक़बाल की पैदाइश से भी पहले से शे'र कह रहे थे, इस बात की उम्मीद है कि शे'र में इक़बाल ने अरबी खपाने (लाने) के और मनुचेहरी, रूमी, हाफ़िज़ और क़ानी[9] के अलावा अकबर से भी सीखी हो और यह आम उसूल (जिसे सनत-ए-तलमीह या मुलम्हा कहते हैं) कि एक ज़बान में दूसरी ज़बान के शे'र या वाक्य भरे जाएँ, उन्होंने अपने बड़े फ़ारसी लीडरों के अलावा अकबर से भी हासिल किया हो।

कलाम-ए-अकबर का एक और पहलू जिस पर ध्यान देने की ज़रूरत है, उनकी तज़मीने (किसी के मशहूर शे'र को अपने कलाम में मिलाना, स्वीकृत करना) और तहरीफ़े (किसी लेख में शब्दों का उलटफेर) हैं। अकबर ने फ़ारसी पंक्तियों और क़ुरानी ज़िक्रों को इस तरह तज़मीन (दूसरे के मशहूर शे'र को अपने कलाम में मिलाना स्वीकृत करना) किया है कि उनसे अर्थ के नए पहलू पैदा हुए हैं। अकबर के बारे में यह तो कहा गया है कि वह ज़बान पर बड़ी महारत रखते हैं। और ख़ास कर क़ाफ़िये[10] तो उनके सामने वही कैफ़ियत रखते हैं जैसा कि अमरूलक़ैस ने अपने बारे में कहा था कि मेरे सामने क़ाफ़िये वैसे ही हैं जैसे किसी बच्चे के सामने टिड्डियों का गिरोह, कि वह एक को पकड़ता है तो दो हाथ से निकल जाती हैं। यानी कि वह किसी क़ाफ़िये में बन्द न था।

मौलाना रूमी[11] का भी यही ख़याल है। अकबर का मामला यह है कि ग़ज़ल में तो नहीं, लेकिन व्यंग्य-हास्य कलाम में वो ऐसे-ऐसे अनोखे क़ाफ़िये लाते हैं और इस-इस तरह के इबहाम (अस्पष्टता) और दूसरे तरीक़े बरत कर क़ाफ़िये बनाते हैं कि पढ़ने वाला दंग रह जाता है। लेकिन उनकी शायरी के जिस पहलू पर अभी काम करने की ज़रूरत है वह भाषा और इससे सम्बन्धित ज़रूरतों को शे'र की पाबन्दी पर उनका ज़ोर है। काव्य-संग्रह में उन्होंने जगह-जगह हाशिया लगाया है कि यह क़ाफ़िया ज़रूरते शे'र की बिना

पर लाया गया है या कोई शब्द किसी ख़ास तरह बँधा है। फिर यह भी है कि एक बार जब किसी ने आपत्ति किया की आपने Press और Kiss का क़ाफिया ग़लत किया है तो वह बिगड़ कर बोले कि "कुफ्त वो मुहावरा शुद" फिर उन्होंने इस मज़मून[12] का शे'र भी कहा। लिहाज़ा अकबर की ज़बान और फ़न (गुण) का अध्ययन भी ज़रूरी है कि वह शायरी के बारे में बहुत गम्भीर थे और अंग्रेज़ी या दूसरे ग़ैर टकसाली शब्दों को जो उन्होंने अपने मक़सद को हासिल करने के लिए बरते हैं, इससे यह ख़याल न होना चाहिए कि ज़बान के बारे में उनका दूसरा तरीक़ा सतर्क और फक्कड़बाज़ी का था जैसा कि आजकल के अक्सर हास्य कवियों का है।

यह बात आमतौर पर कही जाती है कि 'अवध पंच' ने अकबर को व्यंग्य/हास्य शायरी की तरफ़ प्रवृत्त किया। इससे यह नतीजा भी निकाला जा सकता है कि अकबर की दूसरी व्यंग्य/हास्य क्लासिकी रंग की शायरी में नई दुनिया की धमक और नए आदर, नियम और शैली अफ़सरों के पैदा करदा ख़तरा न झलकता होगा। यह बात पूरी तरह सही नहीं है। जवानी की मनमौजी और आँख से देखने के बावजूद अकबर के शायराना व्यक्तित्व में बदलती हुई दुनिया का एहसास जगह पा चुका था। यह बात भी ख़याल में रखने की है कि इस ज़माने के रिवाज के ख़िलाफ़ में उन्होंने शायरी बहुत देर से शुरू की। उन्होंने काव्य-संग्रह में ग़ज़लों पर नोट लगाया है कि यह 17 या 19 साल की उम्र की है। 19 साल की उम्र में एक बार उनको इम्तेहानी मिस्रह[13] 200 शे'रों का एक टुकड़ा भी दिया गया था। 21 साल की उम्र में वह पहली बार मुशायरे में कवि के रूप में शामिल हुए। इन बातों से अन्दाज़ा होता है कि जिस उम्र तक ग़ालिब लगभग एक दीवान लिख चुके थे, उस उम्र में अकबर की शायरी की शुरुआत होती है। लिहाज़ा उनकी क्लासिकी ग़ज़ल में भी समकालीन दुनिया का रंग और एहसास नज़र आना अस्वाभाविक नहीं। अकबर के काव्य-संग्रह का अध्ययन इस बिन्दु से भी किया जाना चाहिए।

जाफ़र ज़टूटली हमारे अकेले क्लासिकी शायर हैं जिनकी ज़्यादातर शायरी समाजी और सियासी व्यंग्य पर सम्मिलित है। अफ़सोस कि फक्कड़ शायरी की हैसियत से उनकी शोहरत ने जाफ़र ज़टूटली की व्यंग्य शायरी

को लोगों की नज़रों से ओझल कर दिया। जाफ़र ज़ट्टली किसी संगठित बदलाव और तहज़ीब-ओ-सियासी शिकस्त के ख़िलाफ़ असन्तोष व्यक्त नहीं कर रहे थे। वह सिर्फ़ ज़माने के ऊँच-नीच की ख़राब हालत पर दुखी थे। अकबर एक पूरे दौर की मौत, एक पूरी तहज़ीब की शिकस्त, (संस्कृति का टूटना) और एक पूरे समाज के पतन के शोक काव्य के जनक थे। अकबर ने जो नमूना छोड़ा, उस पर ही उर्दू और हिन्दी दोनों में नए व्यंग्य की इमारत खड़ी हुई। जाफ़र ज़ट्टली और अकबर की तुलना और बाद के साहित्य पर अकबर के असर का भी अध्ययन ज़रूरी है।

ऐसा नहीं है कि अकबर ने सिर्फ़ अंग्रेज़ी तहज़ीब की सर बलन्दी, पश्चिमी सोच और हुकूमत के प्रभुत्व (ग़लबा) और मुसलमानों के अख़लाकी पतन[14] ही को अपना विषय बनाया हो। हिन्दू-मुस्लिम एकता, उर्दू-हिन्दी का एक बार झगड़ा करना (दुश्मनी), संघर्ष, शिक्षा और औरतों की आज़ादी, शहरों का बदलता हुआ सीन, ज़िन्दगी का तरीक़ा, प्रजातन्त्र बतौर तर्ज़े-हयात ओ हुकूमत (ज़िन्दगी गुज़ारने का तरीक़ा) ऐसे बहुत से विषय हैं जिन पर अकबर ने अधिकतर लिखा है। अकबर के यहाँ मुल्क के बदलते हुए हालात का एहसास किसी तेज़ काम करने वाले पत्रकार के तजुरबात की तरह शीघ्रतापूर्ण और तेज़ है। उनकी व्यंग्य कविताओं में ऐसी उत्तेजना, ऐसी Urgency और ऐसी गहमा-गहमी है कि मालूम होता है हम शे'र नहीं पढ़ रहे हैं बल्कि किसी फ़िल्म के अलग-अलग टुकड़े हमारे सामने से तेज़ी से गुज़र रहे हैं। फिर यह भी है कि अकबर कई आवाज़ों के शायर हैं। अकबर के विषयों का नयापन, बदलती हुई शहरी ज़िन्दगी के बारे में उनके विचार और किसी अनुचित बात पर असन्तोष प्रकट करना। उनके कलाम की चलती-फिरती और उसमें फ़िल्म की टैक्नीक का इस्तेमाल, आने वाले हिन्दुस्तान की उनकी पंक्तियों में झलक, यह सब विषय भी ऐसे हैं जिनके सम्बन्ध से हमने अकबर का हक़ अदा करना शुरू भी नहीं किया। अकबर के तमाम संग्रहों का अध्ययन करने में लगभग यही धारणा मिलती है कि अकबर जिन विचारों और जिन सियासी, तहज़ीबी, सभ्यता और संस्कृति के लीडर थे, उनकी शिकस्त हुई।[15] लिहाज़ा अकबर का कलाम भी बेकार हो गया। लगभग सभी लोग यह बात कहते हैं कि अकबर को नई रोशनी,

तरक़्क़ी और नई सोच से नफरत थी, यानी उनकी फ़िक्र नकारात्मक थी और उनका सन्देश यह था कि हिन्दुस्तान और हिन्दुस्तानियों को मध्य काल के अँधेरे ही में रहना चाहिए। अकबर को हर नई चीज़ के विरोध की क़तार में खड़ा हुआ बताया जाता है और कहा जाता है कि ज़माने ने अकबर को पीछे छोड़ दिया और उनकी गुज़रे हुए ज़माने की शायरी भी वक़्त के ग़र्द और ग़ुबार में गुम हो गई। पहले तो यही बात ठीक नहीं कि व्यंग्य कवि जिन विषयों को अपना लक्ष्य बनाता है या जिस भी वाद का हामी (समर्थक) होता है, उन विषयों के ख़त्म होने और उस वाद के मिट जाने या शिकस्त होने पर व्यंग्य साहित्य भी ख़त्म हो जाता है। हास्य-व्यंग्य की उम्र इतनी कम नहीं होती जितनी हम लोग समझते हैं। दूसरी बात यह है कि नए ज़माने के बारे में अकबर का रवैया इतना सादा और हमरंग (समान) न था जितना बयान किया जाता है, जैसा कि मोहम्मद हसन असकरी ने लिखा है, अकबर बहुत पेचीदा (कठिन) शायर हैं। वह महज़ रोज़ का अख़बार नहीं हैं बल्कि ज़िन्दा दस्तावेज़ हैं। इस दस्तावेज़ का मतन (Text) इतना उथला नहीं कि उसे चन्द बयानात में निपटा दिया जाए। तीसरी बात यह है कि नई तहज़ीब और नई शिक्षा जिस तरह हमारी क़ौम के नौजवानों का शोषण करने वाली थी और जिस तरह वह शिक्षा और अक़्ल की जगह डिग्रियाँ और संस्कृति की जगह झूठी नुमाइश बाँट रही थी, उसका एहसास हमें अब जा कर हो रहा है और अकबर को यह एहसास बहुत पहले से था। आले अहमद सुरूर के अनुसार :

"अंग्रेज़ों से क़ुरबत, (नज़दीकी) अंग्रेज़ों की पाबन्दी के किस हद तक मुतरादिफ़ (समानार्थक) है, अलीगढ़ मुसलमान कितने पैदा कर रहा है और क्लर्क कितने? यह अकबर की नज़र से पोशीदा (छिपा) न था। क़ुसूर सारा सर सैयद का न था, तूती पसआईना का भी था। (दूसरों की सिखाई हुई बातों का बयान करना) लेकिन इन नतीजों पर अकबर की नज़र भी थी।"

पिछले तीस-पैंतीस वर्षों के अनुभव और पड़ोसी मुल्क के हालात की रौशनी में आज इतना तो हमें करना ही चाहिए कि हम अकबर के सोच-विचार पर भी नज़र डालें और उनकी तहज़ीबी सूझ-बूझ से सीखा करें।

चौथी और आख़िरी बात यह कि अकबर के और कलाम को हम

बेकार और आज के हालात में बेमाने क़रार (किसी मतलब का नहीं) दे भी लें, लेकिन 'गाँधी नामा' के बारे में यह हुक्म नहीं लग सकता। क्या वजह है कि हमारे आलोचकों और उस्तादों और सियासी तारीख़ लिखने वालों ने 'गाँधी नामा' को नज़र अन्दाज़ कर दिया? हिन्दुस्तान की जंग-ए-आज़ादी की तारीख़ जब तक ज़िन्दा है और गाँधी का नाम जब तक ज़िन्दा है, उस वक़्त तक 'गाँधी नामा' भी बामतलब रहेगा। उसे वतन वाले और मुल्क के सियासतदानों की साज़िश ही कहा जाएगा कि हसरत मोहानी की क़ौमी-ख़िदमत और अकबर इलाहाबादी की क़ौमी-शायरी समान रूप से भुला दी गई। 'गाँधी नामा' कोई मामूली, सादा, 'खूब लड़ी मर्दानी वह तो झाँसी वाली रानी थी' क़िस्म की कविता नहीं है। यह अलग कविताओं का संग्रह है और उसकी सियासी और तहज़ीबी गहराइयाँ बहुत मुश्किल और देर से समझ में आने वाली हैं। यह महज़ समान, इकहरा, क़ौम परस्ताना कलाम नहीं है। इसमें ख़ुद अकबर और उनके समकालीन की समझ और मनोवैज्ञानिक खींच-तान भी ज़ाहिर होती है। 'गाँधी नामा' पढ़ कर मालूम होता है कि व्यंग्य शायरी महज़ सीधी और सीधे रास्ते वाली शायरी से ज़्यादा कठिन और बहुत अलग भी हो सकती है। स्वदेशी-आन्दोलन और कौमी-बेदारी[16], तहरीक-ए-आज़ादी[17] की कामयाबी और अंग्रेज़ के पीछे हटने के अंजाम--इन सब परेशानियों पर इशारे 'गाँधी नामा' में मिलते हैं।

अकबर को आसानी से उर्दू के पाँच-छह बड़े शायरों और दुनिया के बड़े हास्य-व्यंग्य कवियों की पंक्ति में रखा जा सकता है। अकबर की महानता की स्वीकृति व्यंग्य शायरी के सम्मान में ही स्वीकृत है।

सन्दर्भ सूची

1. नेकनामी की धूम।
2. कम कहें।
3. अर्थदार।
4. हास्य-व्यंग्य।
5. व्यंग्य और हास्य।
6. बेमिसाल काम, लाजवाब काम।

7. हास्य काव्य।
8. व्यंग्य काव्य।
9. फ़ारसी कवियों के नाम हैं—रूमी, हाफ़िज़ शीराज़ी, क़ॉनी।
10. अन्त्यानुप्रास, अनुप्रास, तुक।
11. फ़ारसी के बड़े शायर।
12. मतलब।
13. शे'र का आधा टुकड़ा (छन्द या चरण या पद)।
14. नैतिक पतन।
15. शिकस्त, हार।
16. क़ौम को जागरूक करना।
17. आज़ादी का आन्दोलन।

अकबर इलाहाबादी
औपनिवेशिक व्यवस्था और वर्तमान

यह इन्तहाई[1] ख़ुशी की बात है कि क़ौमी उर्दू काउंसिल के सौजन्य से अकबर इलाहाबादी पर यह तीन दिवसीय इंटरनेशनल सेमिनार इलाहाबाद में आयोजित हो रहा है। अहले-इलाहाबाद[2] ने, और अहले इलाहाबादी ही क्यों, अहले-उर्दू[3] ने अकबर के साथ इंसाफ़ नहीं किया और आज के ज़माने में अकबर की जो महानता है उस पर तो शायद बिलकुल ही तवज्जो[1] नहीं दी गई। मुझे उम्मीद है कि यह सेमिनार जिसमें मुल्क के कई नामवर आलोचक उपस्थित हो रहे हैं, अकबर इलाहाबादी को नए सिरे से उनके महत्त्व के सिलसिले में प्रमाणित क़दम साबित होगा।

अकबर इलाहाबादी के बारे में चन्द बातें आम हैं। हम उन्हें दो हिस्सों में बाँट करके संक्षेप में इस तरह बयान कर सकते हैं :

1. अकबर तंज़ ओ मिज़ाह (हास्य-व्यंग्य) के बड़े शायर थे।
2. वह हुर्रियत (आज़ादी) पसन्द थे।
3. उन्होंने अंग्रेज़ की मुख़ालिफ़त (विरोध) में परचम[5] तो नहीं उठाया, लेकिन बहुत-सी अंग्रेज़ मुख़ालिफ़ (विरोधी) बातें ज़रूर लिखीं।
4. दूसरे हिस्से में निम्नलिखित बातें हैं–
    1. वह तरक़्क़ी के मुख़ालिफ़[5] थे, यानी अंग्रेज़ी तालीम के मुख़ालिफ़ (विरोधी) थे।

2. अंग्रेज़ी शिक्षा ही नहीं, वह तमाम नई चीज़ों जैसे रेल, तार, छापाख़ाना, टेलीफोन, सनत-ओ-हिरफत[7]—इन सबके मुख़ालिफ़ थे।
3. वह नई संस्कृति की संस्थाओं जैसे सियासी पार्टी, कांफ्रेंस, काउंसिल, काउंसिल की मिम्बरी आदि, इन सब के मुख़ालिफ़ थे। हालाँकि यह चीज़ें दरअसल हमारे लिए आज़ादी का पेश-खेमा थीं।
4. वह औरतों की तालीम और आज़ादी के मुख़ालिफ़[8] थे।
5. लिहाज़ा वह रजतपरस्त (प्रतिक्रियावादी) थे, नई रौशनी के दुश्मन थे और आज उनकी शायरी हमारे मतलब की नहीं है।

निम्नलिखित बातों में से सब नहीं तो ज़्यादातर बातें अकबर के मुआफ़ेक़ीन (मतैक्य) भी कहते हैं। यानी अकबर के मुआफ़ेक़ीन (मतैक्य) की भी नज़र में अकबर एक मज़ेदार, तंज़िया-मज़ाहिया (हास्य-व्यंग्य) शायर थे, लेकिन उनका पैग़ाम[9] अब हमारे लिए नुक़सानदेह नहीं तो बेमानी ज़रूर है। क़मर रईस साहब ने तो हॉल में (सभागार में), बल्कि इसी सेमिनार में, यह बात भी कही है कि जोश मलीहाबादी का अकबर से कोई मुक़ाबला ही नहीं हो सकता क्योंकि जोश तो अकबर से बहुत ही ज़्यादा बड़े शायर हैं।

दूसरी बात, जिस पर अकबर के चाहने वाले और अकबर से चिढ़ने वाले, दोनों सहमत है, यह है कि तंज़िया (व्यंग्य) शायरी की उम्र यूँ भी ज़्यादा नहीं होती। जब उपकरण (सामान) व्यंग्य है तो व्यंग्य भी अपनी ताक़त और मानी (अर्थ) खो देता है। लिहाज़ा उन लोगों के ख़याल में अकबर की ट्रेजडी यह है कि उन्होंने अपने ज़्यादातर रचना निर्माण में अपनी ताक़त हास्य-व्यंग्य में ख़र्च की। वह मसायल न रहे जिनको उन्होंने अपने हास्य का विषय बनाया था, वह तंज़ (व्यंग्य) भी न रहा, सिर्फ़ किताबी बात हो कर रह गया।

मेरा मामला यह है कि मैं अकबर को उर्दू के पाँच या छह सबसे बड़े शायरों में सम्मिलित करता हूँ और दुनिया के हास्य-व्यंग्य साहित्य में अकबर का दर्जा बहुत बड़ा समझता हूँ। मेरा ख़याल है कि अकबर के साथ इंसाफ़ नहीं किया गया और उनके कलाम को मामूली तौर पर, या सरसरी पढ़ कर

यह फ़ैसला कर लिया गया कि वह एक क़दामत पसन्द (पुरानापन) बूढ़े थे। अगरचे जज़्ब-ए-हुर्रियत (आज़ादी का भाव) उनमें ज़रूर था, और अपने व्यंग्य को उन्होंने समाज सुधार के मक़सद के लिए इस्तेमाल तो किया, लेकिन उन्होंने यह न सोचा कि सुधार और तरक़्क़ी साथ-साथ चलते हैं, तरक़्क़ी के ख़िलाफ़ रहें तो सुधार नहीं हो सकता। इसके विपरीत मेरा ख़याल यह है कि अकबर पहले व्यक्ति हैं जिनको बदलते हुए ज़माने, उस ज़माने में अपनी तहज़ीबी अक़दार (संस्कृति-मूल्य) का ख़तरा, और अंग्रेज़ी तालीम ओ' तरक़्क़ी को अंग्रेज़ी सम्राज्य के ताक़तमन्द हथियार होने का एहसास शिद्दत से था और उन्होंने उसकी छुपी हुई स्थिति को बहुत पहले देख लिया था। इस मामले में महात्मा गाँधी और इक़बाल 1877 में—मैंने कई साल पहले के एक आलेख में उस संस्कृति की दशा का ज़िक्र किया है जिसका एहसास अकबर को था और जिसकी बिना पर उन्होंने अंग्रेज़ी साम्राज्य के प्रतीकों को किताबों के बीच लिखा। आज की सोहबत में उससे ज़रा अलग आलेख बयान करना मक़सद है, यानी अकबर दरासल महज ग़ैर मुल्क के ख़िलाफ़ थे, और उन्होंने सरमायादारी[10] और नौआबादयाती निज़ाम[11] में मुज़मिर[12] कई बुनियादी ख़तरों को महसूस कर लिया था। वह सिर्फ़ उदाहरणतया अंग्रेज़ विरोधी नहीं थे, और न ही पुरानेपन की बुनियाद पर पश्चिमी संस्कृति के ख़िलाफ़ थे।

आज इलाहाबाद में जो सेमिनार अकबर इलाहाबादी और नौआबादयाती तजुरबे[13] के बारे में हो रहा है, इसमें फ़ुज़ैल जाफ़री ने अपने पर्चे में अकबर को महज़ पारम्परिक पुरानी बातों को मानने वाला नहीं बल्कि पुराने विचारों के सोचने का तरीक़ा और वतन-परस्त, क़ौम-परस्त साबित किया। हिन्दी के मशहूर आलोचक राजेन्द्र कुमार ने महात्मा गाँधी की किताब 'हिन्द स्वराज' (प्रकाशन वर्ष 1909) का ज़िक्र किया और साथ ही गणेश सखाराम देउस्कर की बांग्ला में लिखी गई किताब 'देशेर कथा' (देश की कथा) का भी। इनके हवाले से उन्होंने यह बताया कि देउस्कर और गाँधी ने भी कहा था रेल, तार व नए औद्योगीकरण आदि असलन अंग्रेज़ी हाकिम[14] की ताक़त को फैलाते और मज़बूत करते हैं। देउस्कर की किताब का अनुवाद हिन्दी में हो चुका है 'देश की कथा' नाम से, और मैं इसके विमोचन में उपस्थित

था। अफ़सोस कि उर्दू वाले अभी इससे बेख़बर हैं।

राजेन्द्र कुमार का कहना यह नहीं कि महात्मा गाँधी और सखाराम देउस्कर ने अकबर को पढ़ा होगा और न ही मैं यह कहूँगा। मैंने अपने आलेख 2002 में यही कहा था कि अकबर को नौआबादयाती और साम्राज्यी व्यवस्था की ख़राब ताक़तों का एहसास था, वरना वे यूँ ही महज़ पुरानी रिवायतों की ज़िद्दम-ज़िद्दा में यह नहीं कहते थे :

पानी पीना पड़ा है पाइप का। हर्फ़ पढ़ना पड़ा है टाइप का।
पेट चलता है, आँख आई है। शाह एडवर्ड की दुहाई है।

अकबर की पहली महानता इस बात में है कि गाँधी और इक़बाल, दोनों ने पश्चिम और उसकी तहज़ीब और तालीम को सीधे और बहुत क़रीब से देखा था, लेकिन अकबर ने मुल्क के बाहर जाये बग़ैर इस तहज़ीब और तालीम के प्रतीकों और छिपी हुई बातों को समझ लिया।

अकबर के ख़िलाफ़ यह इल्ज़ाम सही है कि वह औरतों की तालीम और आज़ादी के ख़िलाफ़ थे। बल्कि यह कहना ज़्यादा सही है कि वह औरतों की अंग्रेज़ी तालीम और बेपरदगी के ख़िलाफ़ थे, असलन तालीम के ख़िलाफ़ न थे लेकिन यह तो उनके ज़माने के ज़्यादातर हिन्दुस्तानी मुसलमानों की ठहरने की जगह थी, अकबर अकेले इसके मुजरिम नहीं।

इक़बाल का मशहूर क़तआ आप सबके ज़हन में होगा :

लड़कियाँ पढ़ रही हैं अंग्रेज़ी। ढूँढ ली क़ौम ने फला की राह
रविश मग़रबी है मद्दे नज़र। वज़्हे मशरिक़ को जानते हैं गुनाह
यह ड्रामा दिखाएगा क्या सीन। पर्दा उठने की मुंतज़िर है निगाह।

इसलिए शिक्षा और स्त्री शिक्षा के बारे में अकबर के ख़यालात से मैं सहमत नहीं, लेकिन ये ख़यालात उस ज़माने में बहुत प्रचलित थे। अकबर की बड़ाई इन बातों में हैं जो सिर्फ़ उन्होंने सबसे पहले देखे और महसूस किए।

मोहम्मद हसन असकरी के अनुसार–

पूरब और पश्चिम का टकराव सिर्फ़ हिन्दुस्तान नहीं बल्कि पूरे एशिया

और आज की ज़बान में कहें तो तीसरी दुनिया के विचारों की नज़र से देखा। पश्चिमी संस्कृति के लिए अकबर ने शब्दों को स्पष्ट किया जैसे ब्रिगेड (BRIGADE), कैम्प (CAMP), तोप, इंजन आदि जो प्रतीक का हुक्म रखते हैं और जिनका असर हम आज भी देख सकते हैं। ब्रिगेड से उनकी मुराद वह हिन्दुस्तानी थे जो अंग्रेज़ों के वफ़ादार थे और कैम्प से उनकी मुराद पश्चिमी सभ्यता संस्कृति थी। तोप, ईस्तेमारी ताक़त के प्रदर्शन और इंजन उस ताक़त को फैलाने वाले ज़रिये के लक्षण हैं। चूँकि यह चीज़ें भी हैं लिहाज़ा उनका इस्तेआराती रंग (उपमा) प्रतीक का रंग बन गया है, यानि अकबर ने 'ब्रिगेड', 'कैम्प', 'इंजन' आदि को प्रतीक के तौर पर इस्तेमाल किया है।

नैयर मसूद ने भी अपने एक पुराने आलेख में अकबर के यहाँ प्रतीकों के प्रकार की तरफ़ ध्यान आकृष्ट किया था, लेकिन उन्होंने अकबर के किरदारों, जैसे–बुद्ध, जुम्मन, शेख़ आदि को भी प्रतीक करार दिया था। लेकिन प्रतीक में कोई चीज़ निकलती होती है और (प्रतीक) हमेशा किसी व्यवस्था के विचार के अधीन हो कर आती हैं। इसके विपरीत किरदारों[15] और इदारो[16] के नामों में चीज़ निकलती नहीं बल्कि तमसीली रंग (उपमा) होता है। लिहाज़ा बुद्ध, बफाती, जुम्मन आदि अलामत[17] नहीं, तमसीली[18] हैं। लेकिन इसमें कोई शक नहीं कि नैयर मसूद ने अकबर के यहाँ अलामती रंग की निशानदेही की है।

पश्चिम या अंग्रेज़ का विरोध अकबर के यहाँ एक पूरे सोच के एक तरीक़े के तहत है, यह कोई फैशन, अपील, चलती हुई बात पर निर्भर नहीं है। पश्चिमी शिक्षा के बारे में उनकी पहली शिकायत यह थी कि यह 'इंसान को साहबे-दिल' नहीं बनाती, सिर्फ़ नौकरी के काम का रखती है। अकबर को लार्ड मैकॉले (Lord Macaulay) के इस नोट की ख़बर न रही होगी जो उसने 1835 में तहरीर किया था कि हम हिन्दुस्तानियों को अंग्रेज़ी पढ़ा कर ऐसी नस्ल पैदा करेंगे जो रंग में काली लेकिन दिल से अंग्रेज़ होगी ताकि हम उससे अपनी ज़रूरत के मुताबिक़ काम ले सकें और हमारा नुक़सान भी न हो। लेकिन इसमें कोई शक नहीं कि अकबर को पश्चिमी शिक्षा की अंग्रेज़ी पॉलिसी की छिपी हुई बातों का पूरा एहसास था। नई तालीम के बारे

में अकबर के ख़यालात देखिए :

नई तालीम को क्या वास्ता है आदमीयत से
जनाब-ए-डारविन को हज़रत-ए-आदम से क्या मतलब

यहाँ इक़बाल का शे'र याद आता है :

आदमीयत एहतरामे आदमी / बा ख़बर शै अज़ मक़ामे आदमी

नई शिक्षा सब इंसानों को 'साहब' या 'बाबू' तो बना देती है, 'आदमी' नहीं बनाती। इसकी वजह यह है कि यह तालीमी नेसाब[18] इल्म की तबलीग़ (शिक्षा का प्रचार) से ज़्यादा इस मक़सद से बनाया गया है कि लोगों को सरकारी नौकरियों में काम पर लगाया जाए। अकबर कहते हैं कि 'आदमी' बनाने के लिए रूहानी (अध्यात्मिक) और ज़हनी (समझ) तसरूफ़ (खर्च), के साथ इंसानियत की तालीम भी दरकार (चाहिए) है–

'कोर्स तो लफ़्ज़ ही सिखाते हैं। आदमी, आदमी बनाते हैं
जुस्तजू हम को आदमी की है। वह किताबें अबस मँगाते हैं।'

किताबों से आदमी नहीं बनता, क्योंकि औपनिवेशिक शिक्षा में इंसानियत की रूह और सच और झूठ का फ़र्क़ की सिफ़त[20] नहीं है। वह एक तरह से बेज़हन की (Mindless Machine) मशीन है जो हम पर लाद दी गई है।

'आगे इंजन के दीन है क्या चीज़/भैंस के आगे बीन है क्या चीज़।'
यहाँ रूपक है औपनिवेशिक साम्राज्यी ताक़त का, इंजन आन्तरिक ताक़त का और दीन का लक्षण है पूरब के आध्यात्मिक एहसास का। इन दोनों में वही सम्बन्ध है जो भैंस और बीन में है।

आदमीयत के विषय पर अकबर के निम्नलिखित दो शे'र भी याद रखने के क़ाबिल हैं। विक्टोरियाई तालीम और फ़लसफ़ा सबक़ पढ़ाते थे कि पश्चिमी संस्कृति और ज़िन्दगी और शिक्षा, सब तरक़्क़ी की राह पर गामज़न (चल पड़े) थे। फ़ितरत चूँकि उसी को जीने का हक़ देती है जो सबसे बड़ा हो। लिहाज़ा पश्चिम की संस्कृति की तरक़्क़ी साबित करती है कि पश्चिमी

सबसे ज़्यादा तरक़्क़ी करने वाला और सबसे ज़्यादा मज़बूत है। इस पर अकबर कहते हैं :

या इलाही यह कैसे बन्दर हैं। एर्तेक़ा[21] पर भी आदमी न हुए।

अकबर का शे'र है :

किताबे दिल फ़कत[22] काफी है अकबर, दर्स[23]-ए-हिकतम को।
मैं स्पेंसर से मुसतग़ना हूँ मुझ से मिल नहीं मिलता।

इस बात को न भूलिए कि यह दो नाम यूँ ही नहीं लाए गए है। स्पेंसर (Herbert Spencer) पदार्थवाद के फ़लसफ़े का हामी था और जॉन मिल (John Stuart Mill) की सबसे अहम किताब On Liberty थी। मादीयत के भरोसे पर साइंस और तिजारत (व्यापार) ने तरक़्क़ी की और आज़ादी के तसव्वुर (कल्पना) के बहाने से क़ौमों को ग़ुलाम बनाया गया कि वह अभी इस आज़ादी के लायक़ नहीं हुए हैं जिसका हम ज़िक्र कर रहे हैं और हम जिसे क़ायम करना चाहते हैं। इस तरह के नज़रियों ने White Man's Burden और Enlightened Self Interest जैसे विचारों को जन्म दिया। अहले यूरोप[24] और अहले एशिया[25], दोनों से मुख़ातिब होकर अकबर कहते हैं :

"ईसा ने दिले रौशन को लिया, और तुमने फ़क़त इंजन को लिया।
कहते हो कि वो थे बाप से ख़ुश, और तुम हो ख़ाली भाप से ख़ुश।"

शब्द 'ख़ाली' और 'भाप' पर ग़ौर कीजिए। भाप दरासल गर्म हवा है, अंग्रेज़ी में फ़ज़ूल बेकार बातों को Hot Air कहते हैं भाप के माने Vapour भी हैं और कहा जाता है कि जदीद (नया) ऐटम-बम जहाँ गिरेगा वहाँ की हर चीज़ दूर-दूर तक Vaporize हो जाएगी यानी भाप बन जाएगी। ऐटम-बम के पहले भी ऐसे बम ईजाद[26] हो गए थे जो किसी बड़े रक़बे[27] को नहीं तो छोटे ही रक़बे को ख़ाक-सियाह करके भाप में तब्दील कर देते थे। ख़ाली भाप का महत्त्व अब स्पष्ट है कि यह दरअसल बेहक़ीक़त और असल से ख़ाली है। 'किताबे दिल' 'दिले रौशन' के बाद रूह की 'रहमुस्तक़ीम' (आत्मा

का सीधा रास्ता) के बारे में अकबर को सुनिए।

बर्क-ओ-बुख़ारात का ज़ोर-ए-हकीम/कब है पैय-रवे-रहे-मुस्तक़ीम/तार पे जाते नहीं अहले नज़र/रेल से खिंचता नहीं क़ल्बे-सलीम।

'रूह की रहे मुस्तक़ीम' के बाद अकबर सिर्फ़ रूह, और उसके साथ अक़्ल की बात करते हैं कि जदीद तालीम (नई शिक्षा) ने इन दोनों, यानी रूह और अक़्ल को पश्चिमी उसूलों का गुलाम बना दिया है।

अक़्ल सुपर्द-ए-मास्टर माल सुपर्द-ए-अ जनाब
जानसुपर्द-ए-डॉक्टर रूह सुपर्द-ए-डारविन

हक़ीक़त यह है कि अकबर पहले हिन्दुस्तानी थे जिन्होंने इस बात को महसूस कर लिया था कि हिन्दुस्तान में 'तालीम', 'तरक़्क़ी', 'इस्लाम' और नए विषयों और वसायल के क़याम[28] के नाम पर जो कुछ हो रहा है वह दरअसल नौआबादयाती (Colonial) सियासत और पश्चिमी सरमायादाराना फैलाव की मज़बूती के लिए है, ख़ासकर नई तालीम [29] तख़रीबी (ख़राब, तोड़-मोड़ करने वाली खींचातानी) असरात और उसकी वजह पूरब-ओ-पश्चिम के ज़हनी कशमकश का एहसास भी अकबर को इक़बाल से पहले हुआ। जैसा कि टाइटस बर्क हार्ट (Titus Burck Hardt)ने कहा है, पहले ज़माने की तालीम वो थी जो इंसान को पहले हिकमत (Wisdom) सिखाती थी और फिर उसे दर्जे-कमाल, हमें सरकार की गौ का आद्‌मी बनाती है। मैकाले का कथन ध्यान में रखिए और यह शे'र सुनिए :

तालीम जो दी जाती है हमें वह क्या है फ़क़त बाज़ारी है
जो अक़्ल सिखायी जाती है वह क्या है फ़क़त सरकारी है

यह इल्म बाज़ारी और यह अक़्ल सरकारी क्यों न हो जब अस्ल हाल यह हो :

उसका पसीजना है और उसके हैं भपारे
यूरोप ने एशिया को इंजन पे रख लिया है

मुहावरा है 'तलवार पर रख लेना'। अकबर ने सारे पश्चिम के

उद्योग-धन्धे को अपनी तलवार पर रख लिया है या माल की तरह लाद लिया है, सच है :

मालगाड़ी पे भरोसा है जिन्हें ऐ अकबर
उनको क्या ग़म है गुनाहों की गिराबारी का

यानी असल चीज़ तो माल और मालबरदारी[30] है। लेकिन बात शिक्षा की हो रही थी, यह शिक्षा हिन्दुस्तानी या एशियाई समझ को क्या देती है अकबर से सुनिए :

पीरी से कमर ख़म है पे फ़रमाते हैं तन जा।
क़ाबू में नहीं हाथ तो क्या हो सके पंजा।
वुस्त है दरे इल्म में, है राहे अम्ल बन्द।
है साफ़ सड़क, पाँव पे लेकिन है शिकंजा।

यानी यह तालीम ज़ेहन को तेज़ तो कर सकती है, लेकिन अक्ल नहीं देती कि इस इल्म को इस्तेमाल करने की सामर्थ्य हो, और औपनिवेशिक हाकिम तालीम के साथ-साथ पाँव में बेड़ियाँ भी डाल देता है कूवत–ए–अम्ल साक़ित हो जाए (इस विषय पर काम करने की ताक़त ख़त्म हो जाए)। अकबर ने हैरत अंगेज़ तौर पर नई बातें कही हैं। ऊपर के दो शे'रों पर ज़रा ठहरिए और फिर अकबर का एक शे'र और एक रुबाई सुनिए :

दियासलाई की तेज़ी तो आ गई हम में।
कसर यही है कि डिबिया उन्हीं की जेब में है॥

शब्द 'तेज़ी' को ध्यान में रखिए, अब रुबाई को देखिए :

अकबर मुझे शक नहीं तेरी तेज़ी में। और तेरे बयान की दिल आवेज़ी में।
शैतान अरबी से हिन्द में है बेख़ौफ़। लाहौल का तर्जुमा कर अंग्रेज़ी में।

'लाहौल' का तर्जुमा अंग्रेज़ी में करने के उपदेश में दोनों तरफ़ व्यंग्य है। हिन्दुस्तानी पर व्यंग्य कि वह पुरानी शिक्षा को अंग्रेज़ के सामने बयान करना जानता नहीं, अपनी ताक़तों को भूल चुका है और अंग्रेज़ पर व्यंग्य

कि वह अपने अलावा किसी की बात समझने से असमर्थ है।

अकबर इस नुक़्ते से वाक़िफ़ थे जिसे आज की ज़बान में Stokhoim Syndrome कहा जाता है यानी पसन्दीदा और मजबूरी की वह सूरते हाल जिसमें क़ैदी को अपने क़ैद करने वाले से एक लगाव पैदा हुआ जाता है। यहाँ तक कि अग़वा या क़ैद किया हुआ व्यक्ति अपने अग़वाकार, या क़ैद करने वाले को और ख़ुद को एक ही समझने लगता है, यानी इसके साथ अपने को Identify करने लगता है। यह सूरते हाल आज इस तरह भी मौजूद है कि पश्चिमी कौमें तीसरी दुनिया का शोषण कर रही हैं और तीसरी दुनिया के लोग उन्हीं पर मरे जा रहे हैं। अकबर कहते हैं :

मिटाते हैं जो वो हमको तो अपना काम करते हैं
मुझे हैरत तो उन पर है जो उस मिटने पे मरते हैं

और यह शे'र भी देखिए :

कस रहे हैं अपनी मिनक़ारों से हल्क़ा-जाल का
तायरो पर सेहर है सय्याद के इक़बाल का

यहाँ फिर इक़बाल का शे'र याद आता है, जो ख़िज्रराह में है :

ख़्वाब से बेदार होता है ज़रा महकूम अगर।
फिर सुला देती है उसको हुक्मराँ की साहरी।

फिर अकबर के ये दो शे'र भी याद रखने के क़ाबिल हैं :

क़त्ल से पहले है क्लोरोफॉर्म।
शुक्र है उनकी महरबानी का।
हज़ारों ही तरीक़ों से हम अंग्रेज़ों को घेरे हैं।
तवाफ़ उनके घरों का है उन्हीं सड़कों के फेरे हैं।

और अब क़ैदी की वन्दना सुनिए :

ऐ ख़ुदा मुझको कर दे साहब लोग। दूर हो मुझसे इस जन्म का रोग।
मेरा क़ालिब हो क़ालिबे ग़रबीं। भूल जाऊँ ज़बान भी अपनी।

रंग चेहरे का मेरे जाए बदल। करूँ ईजाद मैं भी तोप ओ रिफल।
सो के उठूँ जो आज सुबह को मैं। लोग समझे कि लाट साहब हैं।

ग़ुलाम की कोशिश हमेशा यही होती है कि वह ख़ुद को हाक़िम के साथ हो जाए लेकिन अकबर उससे आगे जा कर फ़रियादी की ज़बान से यह भी कहलाते हैं कि मैं भी अपने हाक़िम की तरह विनाशकारी के असलहे[31] ईजाद[32] कर सकूँ और फ़ौज के ज़रिए दूसरी क़ौमों को अपना ग़ुलाम बना सकूँ। यानी औपनिवेशिक हाक़िम अपने महकूम (गुलाम) के जिस्म और रूह (आत्मा) दोनों को तबाह करने वाले रंग में रँग लेता है। ज़ालिम (जुल्म करने वाला) और महकूम (जिसपर जुल्म किया जाए) के इस इत्तेहाद (दोस्ती, एक होने की) की एक सूरत नौकरशाही है, कि नौकरशाही में महकूम नौकर अपने मालिक की ताक़त को मज़बूत करके काम करता है और अपने से कमतर लोगों पर ज़ोरो-ज़ुल्म[33] से काम लेता है। हिन्दुस्तानी नौकरशाही, ख़ासकर आई.सी.एस., को बरतानवी हुकूमत का 'फ़ौलादी ढाँचा' (Steel frame of the British Empire) यूँ ही तो नहीं कहा जाता था। इस फ़ौलादी ढाँचे की पहली ख़ास बात थी कि हुक्म बजा लाने से चाहे उसमें अपनी कौम का नुक़सान ही क्यों न हो। अकबर कहते हैं :

बातें हरगिज़ ख़िलाफ़-ए-इज़्ज़त न करो
दम भर भी शरारत ओ' बग़ावत न करो
बदनाम करो न वज़े अंग्रेज़ी को
पतलून पहन के तर्क-ए-ताअ़त न करो।

नौकरशाही बेरूह भी होती है, और जितना छोटा नौकर हो उतनी ही ज़्यादा उसमें सलाहियत होती है कि साहबान ग़र्ज़ को तंग करे और उनका काम न होने दे। इन तत्त्वों की बारीकियों को अकबर ने खूब खोला है :

बाक़ी नहीं वह रंग गुलिस्तान-ए-हिन्द में
मेहनत का अब है काम गुलिस्तान-ए-हिन्द में
क्यों गुफ़्तगू किसी को हो उस ठीक बात में
शेख़ी ज़बान में है हुकूमत है हाथ में।

'गुलिस्तान-ए-हिन्द' की तरकीब में जो दर्द और गुस्सा छिपा है, वह हम पर आज भी प्रकट होना चाहिए वरना यह शे'र सुन लीजिए :

जब ग़ौर किया तो मुझ पे वह बात खुली
दिक़्क़त में तो वह हैं जो न साहब न कुली

अकबर ग़ालिबन[34] पहले हिन्दुस्तानी हैं, जिनको इस बात का एहसास था कि औपनिवेशिक निज़ाम[35] के फैलाव में जंग और दमन के साथ तालीम[36] भी केन्द्रीय हैसियत रखती है :

तोप खिसकी, प्रोफेसर पहुँचे। जब बसूला हटा तो रन्दा है।

बसूला यानी लकड़ी या पत्थर को काटने की कुल्हाड़ी, और रन्दा यानी लकड़ी को छील-छाल कर उसकी (नाहमवारी हैसियत, नाबराबरी) को निकाल देने का औज़ार। लिहाज़ा पहले तो अहले हिन्द की हुकूमतों को ख़त्म करो, फिर वहाँ अंग्रेज़ी पढ़ाने वाले उस्ताद भेजो ताकि हिन्दुओं का हिन्दुस्तानीपन निकल जाए। इक़बाल का शे'र याद कीजिए :

मियाँ नज़्ज़ार भी छीले गए साथ
नेहायत तेज़ हैं यूरोप में रन्दे

रेल यानी पश्चिमी ताक़त से हुकूमत तो फैलती है लेकिन नेक दिल नहीं खींचता। यह हम पहले भी देख चुके हैं, नौकरशाही किस तरह इन्सान का किरदार बर्बाद करती है इसकी कुछ झलक इन शे'रों में देखिए :

बहर-ए-ख़ुदा जनाब य' दें हम को इत्तेला
साहब का क्या जवाब था बाबू ने क्या कहा

तेग़े ज़बां की देखो हर सू य' बारहंगी
बाबू के हौसले हैं साहब की दिल्लगी है।

ज़ईफ-ए-मशरिक़ ने तो रखा पाँव को छकड़ा वही
मग़रबी फ़िक्रों ने लेकिन मुझको इंजन कर दिया

अच्छे-अच्छे फँस गए हैं नौकरी के जाल में
सच यह है अफ़ज़ूनी-ए-तंख़ाह जो चाहे करे

मेरी नसीहतों को सुनकर वह शोख बोला
नेटिव की क्या सनद है साहब कहें तो मानूँ

अंग्रेज़ों ने जब 1803 में मराठों को बेदख़ल करके शाह आलम सानी को अपनी 'हिफ़ाज़त' में ले लिया तो औपनिवेशिक फ़िक्र रखने वाले इतिहासकार ने बाद के ज़माने को English Peace से जोड़ा कि चोर-उचक्के रास्तों से ग़ायब हो गए, जाटों और मेवातियों की लूटमार बन्द हो गई आदि। मुमकिन है, इस English Peace में अंग्रेज़ी अमलदारी की बरकत शामिल हो, मुमकिन है न हो। लेकिन हिन्दुस्तानी ख़ासकर अहले दिल्ली की ज़िल्लत उसमें बहुत थी। फिर भी कुछ लोग आज भी अंग्रेज़ी राज्य को याद करते हैं कि उस ज़माने में इस क़द्र ख़राब व्यवस्था न थी। अकबर ने किस ख़ूबी से उस English Peace की क़लई खोली है :

ममनून तो मैं हूँ तेरा ऐ साया-ए-शजर
सर पर मगर अज़ाब है चिड़ियों की बीट से

आजकल हर तरफ़ Globalization और पूँजी के फैलाव को नई इन्तेज़ामी सूरते पश्चिमी ताक़तों के दबाव में काम करने और सारफ़ियत (बाज़ारीकरण) थी। न ग्लोबलाइज़ेशन और न वह कार्ल मार्क्स के इस क़ौल से वाक़िफ़ थे कि सरमायादारी का इन्तेहाई मतलब यह है कि तमाम दुनिया एक बाज़ार में तब्दील हो जाए। इसके बावजूद अकबर की तज़ुर्बेकार आँखों ने यह बातें देख ली थीं :

यूरोप में गो है जंग की कुव्त बढ़ी हुई
लेकिन फुजु है इस से तेज़ारत बढ़ी हुई
मुमकिन नहीं लगा सके वह तोप हर जगह
देखो मगर पेरिस का है सूप हर जगह
मुझे भी दीजिए अख़बार का वरक़ कोई

मगर वह जिसमें दवाओं का इश्तेहार न हो
चीज़ वह है बने जो यूरोप में।
बात वह है जो पायनियर में छपे।

बाज़ारवाद के साथ जो बात नये इन्सान को बहुत परेशान कर रही है वह माहौल की ख़राबी है। अकबर के ज़माने में ऐसी कोई कल्पना न थी। हरचन्द कि 1815 ई. में जब पहली बार रेलवे इंजन का मंज़र इंग्लिस्तान के लोगों ने देखा तो किसी ने उसको 'जहानुम का शरारा' (जहन्नुम की चिंगारी) कहा, किसी ने उसके शोर और गुल की बुराई की, किसी ने इसके धुएँ का बुरा माना लेकिन चन्द ही बरसों में Iindustrial Revolution के दबाव ने उन विरोधी आवाज़ों को ख़ामोश कर दिया। अकबर को, बल्कि उस ज़माने में शायद किसी को भी रेलगाड़ी की तारीख़ के बारे में कुछ मालूम न रहा होगा। लेकिन अकबर ने जहाँ भी दोनों बातें देख लीं। इंजन या रेलगाड़ी महज़ समाजी ताक़त के फैलाव का सहारा ही नहीं बल्कि ज़मीन के माहोल को बिगाड़ने की ताक़त भी रहे।

मशीनों ने किया नेकों को रुख़सत
कबूतर उड़ गए इंजन की पीं से
तन्हाई ओ ताअत का यह दौर है अब दुश्मन
पेड़ों पे न वह तायर सहरा पे न वह जोबन
जंगल के जो थे साईं वह रेल के है पाईं
इमली की जगह सिंगल कुमरी की जगह इंजन

फिर इस शाहकार शे'र (या पैरोडी) को आप सब जानते ही होंगे :

अभी इंजन गया है इस तरफ़ से। कहे देती है तारीकी हवा की।

शहरों की नई व्यवस्था से हम परिचित हैं। शहर के कुछ इलाक़ों में बड़े लोग या दौलतमन्द तबक़ा रहता है। कुछ इलाक़ों में हम आप जैसे ग़रीब-गुरबा रहते हैं, झुग्गी-झोंपड़ी वालों की बस्तियाँ भी हैं जिन्हें आमतौर पर दूर से दूर-तर रखने की कोशिश भी होती रहती है। मुग़ल शहर में ऐसी अन्तर व्यवस्था न थी और इसलिए वर्गों के अन्तर का वह एहसास भी न

था आज की ज़िन्दगी की तकलीफ़ और हक़ीक़त है। आमतौर पर अकबर ने सबसे पहले शहरों के वर्गीकरण और अन्तर का एहसास किया जो अहद-ए-अंग्रेज़ की देन है :

शेख़ हों शहर में और कैम्प में सैयद हों यह क्या
जिसमें मिल-जुल के रहें सब वही बस्ती अच्छी
कैम्प में पाता हूँ यारों को जो दिन को बेशतर
यह असर है अस्तबल का वरना खुर कोई नहीं

कैम्प। कैम्प से मुराद शहर के वे ऊँचे रहन-सहन वाले लोगों के इलाके हैं जहाँ का माहौल अंग्रेज़ी है और शहर से मुराद है जिसे हम अब 'पुराना शहर' कहते हैं। अस्तबल से मुराद हिन्दुस्तानी किरदार की पस्ती (पतन) है जो अंग्रेज़ के राज ने पैदा की थी। कमरुद्दीन अहमद बदायूँनी 'बज़्मे अकबर' में लिखते हैं कि एक दिन उनसे अकबर ने कहा :

"शहरों में तरमीम (बदलाव) देखो कि हुकमराँ तबका (अफ़सरशाही वर्ग) और उमराँ सिविल लाइन में (अमीर वर्ग) है, गुरबा के लिए ज़ीस्त (ग़रीब के लिए ज़िन्दगी) के दिन गुज़ारने के वास्ते शहर के गन्दे गोशे अलहिदा (अलग) हैं। मुराद इससे यही है कि अमीर ओ' ग़रीबन यकजान (एक साथ) होंगे, न एक-दूसरे के दुःख-दर्द से हमदर्दी होगी।"

ऐसे शख़्स के बारे में यह समझना ज़्यादती और नाइंसाफ़ी के सिवा कुछ नहीं कि वह तरक़्क़ी का विरोध, और रज़तपरस्त (पुरानी चीज़ों का पक्षधर) था, और सच्ची बातों को नहीं जानता था, और उसे बदलते हुए ज़माने की ख़बर थी तो बस इतनी कि वह उसके ख़िलाफ़ था, हक़ीक़त यह है कि अकबर तालीम की तरक़्क़ी और साईंस और सनॅत[37] के विरोधी नहीं थे। वह इस बात के विरोधी थे कि ये चीज़ें औपनिवेशिक ज़िन्दगी की मज़बूती के लिए इस्तेमाल हो रही हैं या ये औपनिवेशिक निज़ाम के लक्षण हैं। जैसा कि हम ऊपर देख चुके हैं, अकबर ने 'तोप' को जगह-जगह एक प्रतीक की तरह इस्तेमाल किया है। बल्कि यूँ कहना चाहिए कि 'तोप' अगर शब्द है तो प्रतीक[38] है और अगर है तो वस्तु प्रतीक है। एक कतूआ[39] सुना कर रुख़सत होता हूँ जिसमें 'तोप' इस्तेआरा भी है, लक्षण भी है, और

ज़रीफाना फ़िक्र की ख़ातिर आग भी उगलती है :

बस कुदरत से दिल इस तीरा दरु का है भरा,
यह तो बर्बादी-ए-अरबाब-ए-वग़ा चाहती है।
लगी लिपटी न लगा रखती थी तलवार की ज़ंग,
तोप क्या चाहती है सिर्फ़ वग़ा चाहती है॥

सन्दर्भ सूची

1. बहुत ज़ियादा
2. इलाहाबाद वाले
3. उर्दू वाले
4. ध्यान
5. झंडा.
6. विरोधी
7. उद्योग-धन्धे
8. विरोधी
9. सन्देश
10. पूँजीवाद
11. औपनिवेशिक व्यवस्था
12. छिपी हुई
13. औपनिवेशिक तुज़ुर्बे
14. औपनिवेशिक अफ़सरशाही
15. पात्रों
16. संस्थाओं
17. प्रतीक
18. प्रतीक हैं (उपमा दी जाए जिसे)
19. शिक्षा का पाठ्यक्रम
20. गुण
21. उन्नति
22. केवल
23. सबक़

24. योरप वाले
25. एशिया वाले
26. आविष्कार
27. ज़मीन के एक हिस्से को जलाकर मिट्टी में मिला देना
28. साधन की स्थिरता
29. नई शिक्षा
30. माल उठाकर ले चलने वाला
31. साधन
32. आविष्कार
33. ज़बरदस्ती ज़ुल्म
34. लगभग
35. औपनिवेशिक व्यवस्था
36. शिक्षा प्रणाली
37. उद्योग धन्धे
38. रूपक, लक्षण
39. खंड (चार छंद का एक टुकड़ा)

अकबर इलाहाबादी और शाह एडवर्ड की दुहाई

हममें से अक्सर को अकबर इलाहाबादी की ज़िन्दगी के अहम हालात की जानकारी है। अतः मैं यहाँ केवल संक्षेप में उनका ज़िक्र करूँगा। सैयद अकबर हुसैन का जन्म 16 नवम्बर, 1846 में इलाहाबाद के पास यमुनापार के बारा नामक गाँव में हुआ। प्रारम्भिक शिक्षा उन्होंने अपने पिता सैयद तफ़ज़्ज़ुल हुसैन से प्राप्त की। इन लोगों का ख़ानदान बारा क्षेत्र में मुद्दत से आबाद था। पुरानी मान्यताओं के पक्षधर, मध्यवर्गीय, अपनी सम्मान की रक्षा करनेवाले इस ख़ानदान ने प्राचीन क्लासिकी शिक्षा की रिवायतों को बरक़रार रखा था, लेकिन उनकी आर्थिक स्थिति बहुत अच्छी नहीं थी। अकबर को मजबूरन सन् 1863 में यमुना नदी पर निर्माणाधीन पुल के ठेकेदार के यहाँ क्लर्क की नौकरी करनी पड़ी। इस दरम्यान उन्होंने अपनी कोशिशों से अंग्रेज़ी में अच्छी दक्षता प्राप्त कर ली और सन् 1867 में अदालत ज़िला के वकील की परीक्षा आसानी से पास कर ली। उन्हें सन् 1869 में नायब तहसीलदार नियुक्त किया गया लेकिन जल्दी ही उन्होंने नौकरी छोड़ दी और हाईकोर्ट के वकील की परीक्षा पास करके इलाहाबाद हाईकोर्ट में वकालत करने लगे।

चन्द वर्षों की वकालत के बाद 1880 में वे मुंसिफ़ पद पर नियुक्त किए गए। इसके बाद वे सरकारी मुलाज़मत और पदों में लगातार तरक़्क़ी करते हुए 1894 में सेशन जज नियुक्त किए गए। जल्द ही वह बनारस में,

फिर दूसरे ज़िलों में डिस्ट्रिक्ट जज के पद पर नियुक्त किए गए। ब्रिटिश हुकूमत ने उन्हें 1898 में 'ख़ान बहादुर' के ख़िताब से नवाज़ा। सर्विस से सेवामुक्त होने (1903) के बाद वह कोतवाली इलाहाबाद के पीछे अपनी ख़ुद बनवाई विशाल कोठी 'इशरत मंज़िल' में आराम और किसी हद तक एकान्तवास की ज़िन्दगी गुज़ारते रहे। यद्यपि उस ज़माने में उन्हें आँखों की तकलीफ़ के अतिरिक्त और भी कई तरह के रोग हुए, लेकिन कुल मिलाकर उनके पेंशन के दिन अच्छे गुज़रे।

जीवन के अन्तिम वर्षों में महात्मा गाँधी, देश की आज़ादी और हिन्दू-मुस्लिम एकता के लिए महात्मा गाँधी के संघर्ष से अकबर की दिलचस्पी पहले से भी ज़्यादा बढ़ गई। उन्होंने इन विषयों पर अपने विचार एक लम्बी नज़्म 'गाँधीनामा' में व्यक्त किए। 9 सितम्बर, 1921 को अकबर की मृत्यु हुई। उस वक़्त वह देश के साहित्यिक परिप्रेक्ष्य पर एक निहायत क़ूवतमन्द और राजनीतिक, सामाजिक एतबार से सम्बद्ध कवि के रूप में अपनी ख्याति की बुलन्दी पर थे।

गत पाँच दशक में अकबर के साथ साहित्य में कुछ अच्छा सुलूक नहीं किया गया। अपनी ज़िन्दगी में तो उनकी बहुत क़द्र थी और उनकी ख्याति असाधारण थी। उन्नीसवीं शताब्दी के अन्तिम दो और बीसवीं शताब्दी के प्रथम दो दशकों में उनके मित्रों और प्रशंसकों की सूची तो उस वक़्त का Who's who in India मालूम होती हैं। इसके बावजूद कि अकबर सर सैयद के विचारों और उनके कार्यों का सख़्त विरोध करते थे, ख़ुद सर सैयद के दिल में अकबर के लिए इतना आदर था कि उन्होंने अकबर की नियुक्ति अलीगढ़ करा ली ताकि उनकी संगत का जी भर आनन्द ले सकें।[1] इक़बाल ने अकबर के एक शे'र के बारे में उनको लिखा कि आपने इस शे'र में हीगल का पूरा दर्शन बयान कर दिया है, बल्कि 'हीगल के समुन्दर को एक क़तरे में बन्द कर दिया है।'[2] मदन मोहन मालवीय ने अकबर इलाहाबादी से हिन्दू-मुस्लिम एकता विषय पर नज़्में लिखवाई।[3]

अकबर के देहान्त के बाद भी उनका कलाम (शायरी) एक-दो दशकों तक बहुत लोकप्रिय रहा। उनका कुल्लियात (सम्पूर्ण रचनाओं का संग्रह) तीन खंडों में 1909 से 1921 के मध्य प्रकाशित हुआ था। अकबर के

जीवनकाल में और उनके बाद भी ये खंड कई बार प्रकाशित किए गए। पहला खंड तो 1936 तक ग्यारह बार छप चुका था। दूसरा 1931 तक सात और तीसरा 1940 तक पाँच बार छपा, लेकिन आज मामला बिलकुल भिन्न है। 'गाँधीनामा' (1919-1921) केवल एक बार 1948 में प्रकाशित हुआ और मुद्दत से उपलब्ध नहीं है। ख़ुद कुल्लियात के तीसरे खंड के प्रकाशन में बहुत विलम्ब हुआ था और वह अकबर के देहान्त से बमुश्किल चन्द हफ़्ते पूर्व अगस्त, 1921 में छप सका। (सम्भव है कि इस विलम्ब में अकबर के पुत्र और उनके कलाम के मुख़्तार-ए-आम इशरत हुसैन की सुस्तमिज़ाजी का दख़ल रहा हो)। जहाँ तक हमें मालूम है, इशरत हुसैन ने 'कुल्लियात-ए-अकबर' के चौथे खंड को प्रकाशित करने का कोई इन्तज़ाम नहीं किया और न 'गाँधीनामा' के प्रकाशन पर उन्होंने कोई तवज़्ज़ह की। अकबर इलाहाबादी के पोते मुहम्मद मुस्लिम रिज़वी ने 'गाँधीनामा' 1948 में 'किताबिस्तान', इलाहाबाद से छपवाया। अकबर की कुछ अप्रकाशित रचनाएँ क़मरुद्दीन बदायूँनी की पुस्तक 'बज़्म-ए-अकबर' (1940) में मिल जाती हैं। यह पुस्तक भी अब मुश्किल से मिल पाती है। सुरूर तौंसवी ने 'मक़तबा-ए-शान-ए-हिन्द' से अकबर का एक कुल्लियात प्रकाशित किया था। इसमें कुल्लियात के चौथे खंड की कुछ रचनाएँ भी शामिल हैं। सिद्दीकुर्रहमान क़िदवई ने उनमें से कुछ रचनाओं को अपने चयन में शामिल किया है।

'कुल्लियात-ए-अकबर' का चौथा खंड कराची से 1948 में ज़रूर छपा लेकिन वह हिन्दुस्तान में बहुत कम लोगों तक पहुँचा और पाकिस्तान में अब भी बहुत कम उपलब्ध है। एक ताज़ा जानकारी के अनुसार, इस खंड का वह नुस्ख़ा जो मौलाना अब्दुल माज़िद दरियाबादी की मिल्कियत था, उसका पता अब लग गया है। 'मक़तबा-ए-शान-ए-हिन्द' के 'कुल्लियात-ए-अकबर' को विद्वत्तापूर्ण या प्रामाणिक संस्करण नहीं कह सकते। 'कौमी कौंसिल बराए फ़राग़-ए-उर्दू' अब एक मुकम्मल संस्करण प्रकाशित कर रही है। यह संस्करण यद्यपि विद्वतापूर्ण और आलोचनात्मक न होगा लेकिन इसमें ग़लती न रहने पाए, इसका विशेष ध्यान रखा जा रहा है और कोशिश की जा रही है कि अब्दुल माज़िद दरियाबादी के नुस्ख़े पर जो ख़ास और

ज़रूरी जानकारियाँ मौलाना दरियाबादी ने दर्ज की थीं, वे इस संस्करण में शामिल हो जाएँ।

अतः मौजूदा स्थिति यह है कि हमारे सबसे बड़े व्यंग्यकार की हैसियत से अकबर की ख्याति को कोई बट्टा नहीं लगा है, लेकिन उनके पाठकों की संख्या कम हो गई है। उर्दू के आलोचकों ने कमोबेश एकज़बान होकर उनकी नुक्ताचीनी की है क्योंकि अकबर उन्हें तरक़्क़ी और खुले विचार के दुश्मन नज़र आते हैं।

हमारे समालोचकों ने अकबर के साथ जो सुलूक किया, बल्कि यूँ कहिए कि जो बदसुलूकी करते रहे, उसके कम-से-कम दो कारण हैं। एक कारण तो साहित्यिक है और दूसरा असाहित्यिक। साहित्यिक कारण तो यह है कि उर्दू समालोचकों की दृष्टि में हास्य-व्यंग्य कविता बहुत नीचा दर्जा रखती है। उर्दू में हास्य-व्यंग्य कविता की रिवायत यक़ीनन बहुत मज़बूत है लेकिन आरम्भिक बीसवीं शताब्दी के उर्दू समालोचकों की तरबियत ऐसी हुई थी कि वे मैथ्यू अर्नाल्ड की इस बात को सत्य समझते थे कि उच्च प्रकार की गम्भीरता शायरी के लिए अनिवार्य है। कोई पचास वर्ष इधर का अपना अनुभव भी मुझे अब तक याद है कि मुझे उस वक़्त कितना दुख और किस क़दर ज़्यादती और धोखे का एहसास हुआ जब मैंने अर्नाल्ड का यह कथन पढ़ा कि अंग्रेज़ी के मशहूर हास्य-व्यंग्य कविगण ड्राइडेन (John Dryden) और पोप (Alexander Pope) अंग्रेज़ी पद्य नहीं बल्कि अंग्रेज़ी गद्य के साहित्यकार हैं। अगर मेरे गुरुजन इस राय को पूरी तरह मानते नहीं भी थे तो उन्हें यह फ़ैसला देने में कोई झिझक भी न होती कि ड्राइडेन द्वितीय श्रेणी का कवि है। इस पर तुर्रा मुहम्मद हुसैन आज़ाद की आलोचना कि व्यंग्य और हज़्ब (निन्दा) साहित्य की असभ्य विधाएँ है, विशेष रूप से जब सौदा जैसी कवि उन्हें बरते। सौदा के बारे में मुहम्मद हुसैन आज़ाद को सुनिए–

"बुढ़ापे तक बच्चों जैसी शोख़ी उनके मिज़ाज में उमंग दिखाती थी... ज़रा सी नाराज़गी में बेअख़्तियार हो जाते थे। कुछ और बस न चलता था, झट एक हज़्ब का तूमार तैयार कर डालते थे। गुंचा नाम का उनका ग़ुलाम था। हर वक़्त ख़िदमत में रहता था और साथ क़लमदान लिए फिरता था।

जब किसी से बिगड़ते तो फ़ौरन पुकारते, 'अरे गुंचा, ला तो क़लमदान...' फिर शर्म की आँखें बन्द और बेहयाई का मुँह खोलकर वह बेनुक़्त सुनाते थे कि शैतान भी अमान माँगे।''[4]

ये बातें इस नतीजे के लिए काफ़ी थीं कि उर्दू के समालोचक तमाम हास्य-व्यंग्य शायरी को शक़ की निगाह से देखने लग जाएँ। अकबर जिस जोश और क़ूवत के साथ राजनीतिक और सामाजिक समस्याओं के साथ अपनी शायरी में मामला करते थे वह उनकी गिरी हुई पोज़ीशन को सँभालने के लिए पर्याप्त न समझा गया। आज शायद ही उर्दू का कोई समालोचक होगा जो अकबर को दस बड़े कवियों में शुमार करे।

आले-अहमद सुरूर उन चन्द समालोचकों में हैं जिन्होंने अकबर के मक़सद, विनम्रता और वज़न को समझा और उनकी दूरदृष्टि की क़ूवत को माना। उन्होंने कहा कि आप उनके विचार से सहमति न भी रखें, फिर भी उनके अशआर पर मुस्कुराए और ग़ौर किए बग़ैर नहीं रह सकते। यही उनका मक़सद था।[5] लेकिन अकबर के लिए आजीवन प्रशंसा भाव रखने के बावजूद सुरूर साहब ख़ुद को भी इस बात पर तैयार न कर सके कि उर्दू के महान कवियों की महफ़िल में अकबर के लिए जगह भी बनाई जाए।

वर्तमान समय में अकबर की लोकप्रियता कम होने की एक वजह उनके निजी जीवन और उनकी राजनीतिक मान्यताओं के बीच विरोधाभास की साफ़ खाई भी है। अपने शे'र में तो अकबर ख़ुद को तमाम अंग्रेज़ी तौर-तरीक़ों का सख़्त दुश्मन ज़ाहिर करते हैं लेकिन वह ख़ुद अंग्रेज़ी राज के एक वरिष्ठ पदाधिकारी थे और उन्हें साफ़-साफ़ इस बात पर गर्व भी था। टॉमस बर्न (Thomas Burn) जो एक ज़माने में यू.पी. का चीफ़ सेक्रेटरी था, उनका बहुत लिहाज़ करता था।[6] मलका विक्टोरिया की गोल्डन जुबिली (1887) के अवसर पर उन्होंने 'मिस्टर हावेल, जज की फ़रमाइश पर एक प्रशंसात्मक कविता भी लिखी।'[7] अंग्रेज़ों से सख़्त नफ़रत के बावजूद अकबर ने अपने पुत्र इशरत हुसैन को उच्च शिक्षा के लिए लन्दन भेजा और फिर उनका यू.पी. की सिविल सर्विस में बतौर डिप्टी कलेक्टर शरीक होना भी मंज़ूर किया। ज़ाहिर है कि इन बातों का कोई जोड़ आलोचना के इन फ़िक़रों

और व्यंग्यपूर्ण कटाक्षवाले अशआर से नहीं जो अकबर की क़लम से पश्चिमवालों और उनके प्रशंसकों के लिए मुसलसल अदा होते रहते थे।

इस बात की सम्भावना है कि अकबर को इस प्रतिवाद का एहसास रहा हो और यह भी सम्भव है कि निजी जीवन में इस दोरंगी[8] के एहसास ने उनके यहाँ मलामत की लय और तेज़ कर दी हो और पश्चिमी, विशेष रूप से बरतानवी तौर-तरीक़ों और जीवन शैली ने उनका यह इज़हार और तेज़ कर दिया हो। इसमें तो कोई सन्देह नहीं कि वह इस बात से बख़ूबी वाक़िफ़ थे कि धारा के ख़िलाफ़ कोई तैर नहीं सकता, लेकिन उनकी दृष्टि में असली दुख की बात कुछ और थी। अकबर के विचार में दुख की बात दरअसल यह थी कि वे लोग भी डूबने से न बच सके जिन्होंने धारा के साथ बहना पसन्द किया। ख़ुद को आधुनिक (अंग्रेज़) बनाने के चक्कर में हिन्दुस्तानियों ने अपना अतीत, अपनी परम्पराएँ, अपने अक़ीदे–सब त्याग दिए लेकिन फिर भी वे ख़ुद को पश्चिमी रंग में पूरी तरह रँगा हुआ वह आधुनिक इंसान न बना सके जिसकी उम्मीद मेकॉले (Macaulay) को थी। निम्नलिखित शे'र में यह दुख दर्दमन्दी की हद को छू रहा है–

मुरीद-ए-दहर हुए वज़्अ मग़रिबी कर ली
नए जनम की तमन्ना में ख़ुदकुशी कर ली[9]

ग़ौरतलब यह है कि शे'र में कर्ता ज़ाहिर नहीं किया गया है। ख़ुदकुशी करनेवाला एकवचन गायब, एकवचन बात करनेवाला, एकवचन हाजिर, कोई भी हो सकता है। एक लम्बी कविता में अकबर ने इसी कश-म-कश का इज़हार एक निजी दर्द और नुक़सान के एहसास के साथ किया है, लेकिन यहाँ भी बात करनेवाला कोई शख़्स भी हो सकता है और उस ज़माने के मध्यवर्गीय घराने का पूरा मुस्लिम समाज भी–

क़दीम वज़्अ पे क़ायम रहूँ अगर अकबर
तो साफ़ कहते हैं सैयद ये रंग है मैला
जदीद तर्ज़ अगर अख़्तियार करता हूँ
ख़ुद अपनी क़ौम मचाती है शोरो-वावैला

जो एतेदाल की कहिए तो वे इधर न उधर
ज़ियादह हद से दिए सबने पाँव हैं फैला
इधर ये ज़िद है कि लेमण्ड भी छू नहीं सकते
उधर ये धुन है कि साक़ी सुराही-ए मय ला
इधर है दफ़्तर-ए-तदबीरी-मस्लेहत नापाक़
उधर है वहि-ए विलायत की डाक का थैला
ग़रज़ दोगूना अज़ाब अस्त जान-ए मजनूँ रा
बलाए सोहबत-ए लैला व .फ़ुर्क़त-ए लैला[10]

अकबर की निन्दा करनेवाले (और लगभग सभी आधुनिक समालोचक अकबर की निन्दा करते हैं) उक्त शे'रों और नज़्मों को नज़र अन्दाज़ करते हैं और सारा ज़ोर अकबर की उन्हीं रचनाओं पर लगा देते हैं जिनसे उन्हें नई रौशनी का विरोधी और अन्धा तर्कविहीन आलोचक साबित किया जा सके या फिर यह दिखाया जा सके कि अकबर जानबूझ कर उल्टी गंगा बहाना चाहते थे कि वह जिस अतीत को दिल से पसन्द करते थे वह आमतौर से नापसन्दीदा और बहरहाल मुर्दा या दम तोड़ने की हालत में था और अकबर के बारे में यह फ़ैसला केवल उन लोगों का नहीं था जो ब्रिटिश राज को हिन्दुस्तान के लिए अच्छा नहीं तो इतिहास के सफ़र का एक ज़रूरी पड़ाव ज़रूर मानते थे। अकबर के लिए हमदर्दी उन लोगों के दिल में भी नहीं थी जो ब्रिटिश राज के विरोधी थे और उससे उन्हें कुछ लेना-देना न था।

अकबर के बारे में ज़्यादातर आधुनिक आलोचना में कल्पनाओं की तहधारा और कभी-कभी बिलकुल खुली-खुली राय यही है कि ठीक है, वह अपने ज़माने में बेहद लोकप्रिय थे और हास्य-व्यंग्य के अच्छे कवि थे लेकिन जिन मूल्यों, मान्यताओं और आदर्शों को वह क़ीमती क़रार देते थे, उन्हें तो अकबर के जीवनकाल में ही करारी पराजय मिल चुकी थी। अतः जब वे मूल्य ही न रहे, जिनसे अकबर की शायरी को मान्यताओं और विश्वास का सहारा था, तो फिर यह तो होना ही है कि उनकी शायरी दूसरों के लिए जगह खाली कर दे। समालोचकों का कहना यह है कि अकबर के

अमल का तरीक़ा नकारात्मक है, इसलिए उनकी शायरी भी नकारात्मक है और हमें आधुनिक दौर में इसमें न कोई क़ूवत दिखाई देती है, न कोई विशेष अर्थ।

लेकिन यह बात ही ग़लत है कि जो लोग, या पार्टी, या तसव्वुरात जो किसी व्यंग्यकार के निशाना बने थे उनकी शिकस्त या मौत के साथ उसके बारे में लिखी हुई व्यंग्य रचनाएँ भी अस्वीकार्य हो जाती हैं। और हास्य-व्यंग्य केवल वक़्ती और स्थानीय अर्थ की चीज़ है और ज़माना बदलने या गुज़रने के साथ उनकी क़ीमत, उपयोगिता या अहमियत कम हो जाती है तो यूनान के अरिस्टोफ़ेनेस (Aristophanes) से लेकर संस्कृत के व्यंग्यकारों तक, फिर अरब और ईरान के (अश्लील या ग़ैर अश्लील) हज़्ब लिखनेवालों से लेकर अंग्रेज़ी के जॉनाथन स्विफ़्ट (Jonathan Swift) और उर्दू के जाफ़र ज़टल्ली तक सैकड़ों रचनाकार हैं जिनकी बहुत सारी गद्य-पद्य रचनाएँ आज हमारे लिए निरर्थक होतीं, बल्कि वो आज बाक़ी ही न होतीं। ज़ाहिर है कि ऐसा नहीं है। और इस तरह यह भी ज़ाहिर है कि अकबर की व्यंग्यात्मक शायरी को हम केवल यह कहकर टाल नहीं सकते कि ज़माने के साथ अकबर की शायरी की सार्थकता भी गुज़र गई और आज उसकी कोई उपयोगिता नहीं रह गई। दूसरी बात यह है कि अपने ज़माने की समस्याओं की, और विशेष रूप से 'तरक़्क़ी' से सम्बन्धित समस्याओं की और अकबर का रवैया इतना सादा और सीधी लकीर जैसा भी न था जैसा कि उनके आलोचक यक़ीन दिलाना चाहते हैं। अकबर बड़े पेचीदा शायर हैं। उन्हें सुबह के अख़बार की तरह नहीं पढ़ा जा सकता। अकबर का सन्देह और भय और आइन्दा ज़माने के बारे में उनकी निराशाजनक भविष्यवाणियाँ केवल एक ज़िद्दी पुरानी विचारधारावाले ज़ेहन की पैदावार नहीं। उनमें बहुत कुछ और भी है।

सच पूछिए तो अकबर अपने ज़माने के उन चन्द लोगों में थे जिन्होंने यह देख लिया था कि सैर सैयद की सुधारवादी कोशिशों और लॉर्ड मैकॉले की योजनाओं में बहुत कुछ मिलता-जुलता था। अकबर ख़ूब समझते थे कि जिस चीज़ को 'हिन्दुस्तानी निशातुस्सानिया' (किसी क़ौम या मुल्क का नए सिर से तरक़्क़ी करना) कहा जा रहा है, या कहा जाएगा, वह छिछली

आधुनिकीकरण की एक ताक़तवर लहर के सिवा कुछ नहीं। सर सैयद के एंग्लो ओरियंटल (Anglo Oriental) कॉलेज, अलीगढ़ में बहुत कम चीज़ें ऐसी थी जिन्हें एंग्लो (अंग्रेज़ी) कहा जा सकता था और 'ओरियंटल' (पूर्वी) अंश तो उससे भी कम था। इरादा और ज़ेहन की अपनी तमामतर क़ूवत और नेक नीयत के बावजूद सर सैयद के पास वह साज़ो-सामान न था, और न ही वह क्षमता थी कि आधुनिक वैज्ञानिक छानबीन और धार्मिक अक़ीदे, दोनों पर आधारित कोई एक ज़ेहनी तरीक़ा तैयार कर सकें। यूरोपीय प्रबोध (Enlightenment) की समकालीन सोच में वैज्ञानिक और तफ़्तीशी रवैयों और प्रकृति की कल्पना का असर था और ब्रिटिश सभ्यता उस सोच की नुमाइन्दगी भी ख़ूब करती थी। लेकिन इस सोच को स्वतन्त्र रूप से और बौद्धिक तौर पर अपना लेना दूसरी बात थी और ग़ुलामाना या ख़ुशामदाना और कमोबेश एक कमतर दर्जे के सहयोगी के तौर पर उसकी प्रशंसा ओर अंग्रेज़ी नव आबादियाती+इन्तज़ामी ढाँचे में हिन्दुस्तान की शिरकत और ही चीज़ थी। हिन्दुस्तान में अंग्रेज़ों की रणनीति इस बात पर आधारित थी कि आधुनिक वैज्ञानिक सोच हिन्दुस्तान में आए ज़रूर लेकिन वह अंग्रेज़ के नव आबादियाती+इन्तज़ामी ढाँचे की प्रशंसा और उसमें शिरकत या उसके साथ सहयोग के तौर पर आए। यानी अगर नई शिक्षा और सोच को हासिल करना है तो उन्हें अंग्रेज़ों की देन के तौर पर ही हासिल करो। अंग्रेज़ों ने इस बात की पूर्ण कोशिश की थी कि दोनों चीज़ें (आधुनिक वैज्ञानिक सोच और अंग्रेज़ी साम्राज्य से सहयोग) साथ-साथ आएँ। यह ऐसी हक़ीक़त थी जो अकबर के ज़माने में तमाम हिन्दुस्तानियों पर खुली नहीं थी। उन्नीसवीं शताब्दी के अन्त और बीसवीं शताब्दी के आरम्भ के हमारे सांस्कृतिक इतिहास में अकबर और इक़बाल के अतिरिक्त शायद ही कोई ऐसा होगा जिसने इस सच्चाई की अनुभूति और अभिव्यक्ति इतने ज़ोरदार तौर पर की है। और विशेष रूप से अकबर तो यह बात कहते न थकते थे कि यह महज़ सोचकर और आशा करके ख़ुश हो जानेवाली बात है। हक़ीक़तन इन दो रवैयों का एक साथ हो जाना सम्भव नहीं और एक ही समय में और एक ही हालत में चल पाना मुमकिन नहीं है।

अकबर को अपने तौर पर सर सैयद से मुहब्बत भी थी। सर सैयद

की ईमानदारी और उनके कार्य करने की सच्ची लगन क़ौम के लिए मशक़्क़त, शिक्षा और विशेष रूप से हिन्दुस्तानी मुसलमानों की शिक्षा के लिए उनके दिली लगाव की वह क़द्र करते थे, लेकिन सर सैयद और उनकी शारीरिक और मानसिक औलादों की जब वह तुलना करते तो 'औलादों' में उन्हें बहुत कम बातें तारीफ़ के क़ाबिल नज़र आतीं जबकि अलीगढ़ के बड़े मियाँ के लिए उनके दिल में जगह थी। शायद यह बेवजह नहीं कि 'कुल्लियात-ए-अकबर' की शुरुआत एक ग़ज़ल से होती है जिसके तीन शे'र तरतीब से इस तरह हैं–

वाह क्या राह दिखाई है हमें मुरशिद ने
कर दिया काबे को गुम और कलीसा न मिला

रंग चेहरे का तो कालिज ने भी रखा क़ायम
रंग-ए बातिन में मगर बाप से बेटा न मिला

सैयद उट्ठे जो ग़ज़ट ले के तो लाखों लाये
शेख़ क़ुरआन दिखाते फिरे पैसा न मिला[11]

जैसा कि साफ़ ज़ाहिर हो गया, पहले शे'र में हिन्दुस्तानियों, विशेष रूप से हिन्दुस्तानी मुसलमानों की कश-म-कश और उसको हल करने में उनकी असफलताओं का ज़िक्र है। इस शे'र में सर सैयद पर चोट तो की ही गई है लेकिन इसकी सामाजिक और व्यावहारिक चोट दूर तक जाती है। दूसरे शे'र में सर सैयद की प्रशंसा की गई है कि ख़ुद उनका दिल तो अपनी सही जगह पर था लेकिन उनकी औलादों ने बाप-दादा की बौद्धिक मिल्कियत को बर्बाद कर दिया। तीसरे शे'र में साफ़ तौर पर सर सैयद के बारे में यह राय जाहिर की गई है कि उनकी सोच और काम करने के तरीक़े ने मुसलमानों को इसके लिए आमादा करने की कोशिश की है कि वे क़ुरआन में बताए गए ज़िन्दगी गुज़ारने के तरीक़े को छोड़कर अंग्रेज़ी सोच और तौर-तरीक़े अख़्तियार करें।

सर सैयद के देहान्त पर अकबर ने दो अशआर का मातमी क़ता

लिखा। इसमें उन्होंने सर सैयद की सच्ची नीयत और क़ौम के लिए मशक़्क़त को पूरी तरह माना है–

हमारी बातें ही बातें हैं, सैयद काम करता था
न भूलो फ़र्क़ जो है कहने वाले, करने वाले में
कहे जो चाहे कोई मैं तो यह कहता हूँ ऐ अकबर
.ख़ुदा बख़्शे बहुत सी .ख़ूबियाँ थीं मरने वाले में[12]

जब सर सैयद के पुत्र सैयद महमूद इलाहाबाद हाईकोर्ट के जज नियुक्त हुए तो उन्हें यह मालूम करके दुःख हुआ कि हाईकोर्ट के अंग्रेज़ जजों की सेवा शर्तों और हिन्दुस्तानी जजों की सेवा शर्तों एवं सुविधाओं में अन्तर था। दोनों के कार्य क्षेत्र और अधिकार समान थे लेकिन अंग्रेज़ जजों को हर चीज़ में हिन्दुस्तानी जजों पर वरीयता हासिल थी। कुछ मुद्दत बात सैयद महमूद ने हुकूमत के नाम एक ज्ञापन तैयार किया जिसमें उन्होंने माँग की कि उनकी और अंग्रेज़ जजों की सेवा शर्तों, सुविधाओं को एक जैसा क़रार दिया जाए। इस माँग की बुनियाद उन्होंने बराबरी के सिद्धान्त के बजाय इस बात पर रखी थी कि अंग्रेज़ी भाषा का ज्ञान, अंग्रेज़ी शिक्षा, इंग्लैण्ड में उनका रहना और रख-रखाव और तौर-तरीक़े के लिहाज़ से वह हर तरह अंग्रेज़ जैसे थे।[13] ज़ाहिर है कि यह बात अकबर इलाहाबादी के कान में भी पड़ी होगी कि वह भी उस समय यू.पी. ज्युडीशियल सर्विस में अच्छे पद पर थे। सैयद महमूद की सोच में अकबर को अपने बदतरीन ख़ौफ़ और सन्देह सच होते नज़र आए हों तो क्या ताज्जुब है? आगे चल कर उन्होंने सैयद महमूद और इलाहाबाद हाईकोर्ट के मुख्य न्यायाधीश सर जॉन एज (Sir John Enge) के बीच मनमुटाव, मुख्य न्यायाधीश के घमंड और फिर हाईकोर्ट की जजी से सैयद महमूद के इस्तीफ़े का क़िस्सा भी सुना होगा।

इन बातों ने अकबर को अपने विचार पर और दृढ़ किया होगा और इन्होंने अपने विचारों को और भी सचाई पर आधारित समझा होगा। उनको इस बात पर सख़्त ग़म और ग़ुस्सा रहा होगा कि सैयद महमूद जो एक बहुत पुराने और विशिष्ट खानदान के चश्मो-चिराग़ थे, जिन्हें उर्दू के अलावा

फ़ारसी और अरबी साहित्य का भी बहुत ज़्यादा ज्ञान था और जो हिन्दू+मुस्लिम तहज़ीब की बेहतरीन रिवायत में पले थे, उन जैसा शख़्स ख़ुद को इस तरह अंग्रेज़ जताने की कोशिश करे कि अस्ल का पता ही बाक़ी न रहे। फिर यह कुछ हैरत की बात नहीं कि सैयद महमूद के देहान्त (1903) पर अकबर का क़ता अगर एक तरफ़ दुःख दर्शाता है तो दूसरी तरफ़ इसमें एक तल्ख़ फ़तेहमन्दी भी साफ़ नज़र आती है–

न वो बेक रह गए न सर सैयद*
दिल-ए अहबाब से निकलती है आह

जाए-ए महमूद से तसल्ली थी
ली उन्होंने भी आज ख़ुल्द की राह

बोली इबरत कि होश में आओ
ए हरीसान-ए शानो-शौकतो-जाह

मिट गया नक़्श-ए अहमद ओ' महमूद
रह गया लाइलाह इल्लल्लाह[14]

अतः अकबर के विरोधाभास उनके अपने ज़माने के विरोधाभास थे और इसमें भी कोई सन्देह नहीं कि अन्तिम दिनों में वह अपने इस अन्दरूनी विरोधाभास के हल की तरफ़ टटोलते हुए ही सही, लेकिन बढ़ रहे थे। अपनी ज़िन्दगी के बेशतर दिनों में वह हिन्दुस्तानी मुहावरे में 'गवर्नमेंट सर्वेंट' (Government Servent) और फिर 'पेंशनर जज' रहे थे। और वह अपने अन्दर यह क़ूवत न पाते थे कि वह स्वतन्त्रता संघर्ष और महात्मा गाँधी की खुली हिमायत करें और अमली तौर पर राजनीति में कूद पड़ें। लेकिन अंग्रेज़, अंग्रेज़ी राज, पश्चिमी सभ्यता और उनके हिमायतियों पर खुले शब्दों में नुक़्ताचीनी में वह कभी पीछे नहीं रहे, और यूँ भी शायर का काम डंडा या झंडा उठाना नहीं। 'गाँधीनामा' से बहुत पहले उन्होंने दो अलग-अलग शे'रों में कहा था–

मदख़ूला-ए गवरमेंट अकबर अगर न होता
उसको भी आप पाते गाँधी की गोपियों में[15]

बुद्धू मियाँ भी हज़रत-ए गाँधी के साथ हैं
गो ख़ाक-ए राह हैं मगर आँधी के साथ है[16]

अकबर ने अपने लिए 'मदख़ूला' (दाख़िल किया हुआ) शब्द इस्तेमाल किया। इससे साफ़ ज़ाहिर है कि अंग्रेज़ी हुकूमत के कर्मचारियों को वह बेगम के मुकाबले में दाश्ता (रखैल) से ज़्यादा दर्जा देने को तैयार न थे। इससे यह भी मालूम होता है कि बुलन्द मरतबा दुनियावी हैसियत के बावजूद उन्हें अपने आप से एक क़िस्म की नफ़रत थी कि वह अंग्रेज़ के मुलाज़िम (नौकर) थे। महात्मा गाँधी के अनुयाइयों को अकबर ने गोपी कहा है। इस तरह गाँधी जी का व्यक्तित्व उनकी दृष्टि में ग़ैरमामूली, बल्कि लगभग करिश्मा कर देनेवाला व्यक्तित्व था। शब्द 'गोपी' के इस्तेमाल और श्री कृष्ण जी महाराज की तरफ़ इशारे की बिना पर इस शे'र में अर्थ की कई पर्तें हैं। दूसरे शे'र में अकबर ने 'बुद्धू मियाँ' का प्रतीक ख़ुद अपने लिए इस्तेमाल किया है। कहा जाता है कि मौलाना मुहम्मद अली को गुमान गुज़रा कि 'बुद्धू मियाँ' अकबर इलाहाबादी ने ख़ुद मौलाना मुहम्मद अली के लिए कहा था। मौलाना को इस पर शायद कुछ दुःख भी हुआ था और अकबर ने सफ़ाई पेश की थी कि ऐसा नहीं है। 'गाँधीनामा' के एक शे'र में साफ़ इशारा है कि बुद्धू मियाँ से कोई और नहीं बल्कि ख़ुद अकबर इलाहाबादी ही मुराद हैं–

बुद्धू का लफ़्ज़ था फ़क़त इक मस्लेहत की बात
दिल में मेरे निहाँ है जो उस असलियत की बात[17]

अकबर ने 'गाँधीनामा' अपने जीवनकाल में प्रकाशित नहीं किया। क़मरुद्दीन अहमद का बयान है कि अकबर कहते थे कि मैं अंग्रेज़ों की मुखालफ़त खुलकर करूँ तो यह बेअसर और हानिकारक बात होगी। उन्होंने क़मरुद्दीन अहमद से एक बार कहा कि ''जब मेरा यक़ीन है कि हुकूमत से खुलकर लड़ना हानिकारक है तो भला मैं क्या कहूँ और मेरे कहने से हो

भी क्या सकता है?" जीवन के अन्तिम दिनों (फरवरी, 1921) में अकबर ने क़मरुद्दीन अहमद से कहा–

"लोगों का ख़याल है, मैं अपनी पेंशन के ख़याल से क़ौमी काम में सामने नहीं आया। यह ग़लत है। अगर आज मैं रुपयों की ख़ातिर क़ौम का काम करूँ तो क्या मुझको पेंशन से ज़्यादा फ़ायदा न हो?...मैं दो बातों से घबराता हूँ। एक तो इशरत के मुसीबत में पड़ने के ख़याल से, दूसरे इस ख़याल से कि मैं इस पीरानासाली (बुढ़ापे) में अपने जिस्म में इतनी सकत नहीं पाता कि जेल के मसायब (तकलीफ़ें) उठा सकूँ।"[18]

लेकिन 'गाँधीनामा' में अकबर पूरी तरह खुले। उन्होंने किताब के आवरण पृष्ठ पर ही यह शे'र लिखा–

इन्क़लाब आया नई दुनिया, नया हंगामा है
शाहनामा हो चुका अब दौर-ए-गाँधीनामा है[19]

गोया वह दावा कर रहे हैं कि फ़िरदौसी का शाहनामा, जो मुल्कगीरी (मुल्क पर कब्ज़ा करना) के सिद्धान्त पर आधारित है, अब उसका ज़माना ख़त्म हुआ यानी अंग्रेज़ों की मुल्कगीरी के दिन गए, अब गाँधी अर्थात् आम लोगों के सिद्धान्त की दास्तान का ज़माना है।

अकबर को इस बात का पूरा-पूरा एहसास था कि राजनीतिक विजय प्राप्त करनेवालों के तौर-तरीक़ों में विजित किए जानेवालों के लिए कितना आकर्षण होता है। विजित क़ौम ख़ुद को विजयी क़ौम के रंग में रँग लेना चाहती है ताकि दोनों के बीच फ़ासला कम हो और अकबर के ज़माने की हिन्दुस्तानी ज़िन्दगी और साहित्य में बेशुमार मिसालें इस बात की मौजूद थीं कि विजित क़ौम को ग़ैर शऊरी तौर पर इस बात की तरफ़ खींचा जा सकता है कि वह विजयी क़ौम के अन्दर शासक वर्ग के साथ ज़हनी तौर पर समरसता हासिल करने की कोशिश करे। और उसका तरीक़ा यह है कि विजित क़ौम की रोज़मर्रा तहज़ीब में विजयी तहज़ीब के ताक़तवर और लोकप्रिय प्रतीक और चिह्न दाखिल कर दिए जाए। विजयी के विजित को अपनी तरफ़ खींचने के लिए, तहज़ीबी हरबे अगर राजनीतिक हरबों से ज़्यादा असरदार नहीं तो उनके बराबर असरदार अवश्य हैं।

अकबर की सबसे मुख्य दूरदर्शिता यह थी कि उन्होंने नई आबाद की गई क़ौम की तहज़ीब और उसकी राजनीति, उसकी हुकूमत का तरीक़ा और उसके नियम को संगठित करार दिया। यही वजह है कि उन्होंने अंग्रेज़ को जवाब दिया तो शायरी के माध्यम से, कि हिन्दू-मुस्लिम समाज में शायरी से ज़्यादा असरदार और ताक़तवर कोई दूसरा तहज़ीबी हरबा नहीं है। और यही वजह है कि 'गांधीनामा' को फ़िरदौसी के शाहनामा के मुकाबले में रखते हैं, हालाँकि 'गाँधीनामा' कई संक्षिप्त और राजनीतिक तौर पर स्पष्ट नज़्मों का संग्रह है और शाहनामा-ए-फ़िरदौसी में ज़मीन पर क़ब्ज़ा जमाने और ग़ैर क़ौमों को तलवार के ज़ोर पर जीतने की लम्बी दास्तानें हैं। ख़िलाफ़ इसके 'गाँधीनामा' में ग़ैर क़ौम को अपने मुल्क से बेदख़ल करने की बातें हैं।

ये बातें आजकल फ़ैशन के तौर पर लोकप्रिय हैं कि आज के नए तौर पर बसाए जाने के बाद वाले दौर में पश्चिम की साम्राज्यवादी, पूँजीवादी तहज़ीब विश्वव्यापी मूल्यों के नाम पर हमारी तीसरी दुनिया की तहज़ीब को अपने अधीनस्थ बनाने के दर पे है। फ़ैशन के तौर पर कही जाने के बावजूद यह बात हिन्दुस्तान जैसे मुल्कों के लिए अपने अन्दर सच्चाई का मूल तत्त्व रखती है कि पश्चिम की इच्छा है कि तीसरी दुनिया के लोग इसके सांस्कृतिक मूल्यों और तौर तरीक़ों को जहाँ तक सम्भव हो, स्वीकार कर लें। तहज़ीबी प्रतीकों के राजनीतिक अर्थ को समझनेवालों में अकबर हमारे यहाँ सबसे पहले थे–

यूरप में गो है जंग की क़ूवत बढ़ी हुई
लेकिन फुज़ूँ है इससे तिजारत बढ़ी हुई

मुमकिन नहीं लगा सकें वो तोप हर जगह
देखो मगर पियर्स का है सोप हर जगह[20]

यन्त्र और संचार यन्त्रों में तरक़्क़ी और परिवर्तन के साथ-साथ तिजारत और ज़िन्दगी और इश्क़ करने के तरीक़ों में तरक़्क़ी और तब्दीली आती है–

अब कहाँ दस्त-ए जुनूँ तार-ए-ग़रीबाँ अब कहाँ?
पानियर और दस्त-ए-मजनूँ और ख़बर हैं तार की

ले लिया शीरीं ने कमसिरियट में ठेका दूध का
रेल बनवाने लगे फ़रहाद अब कुहसार की[21]

परियों के आशिक़ों को सौदा हुआ मिसों का
जो फाड़ते थे जामा अब कोट सी रहे हैं[22]

मैं हुआ उनसे रुख़्सत ए अकबर
वस्ल के बाद थैंक यू कह कर[23]

हिन्दुस्तान में अंग्रेज़ों की शासन प्रणाली को ख़ुद अंग्रेज़ हाकिमों ने अक्सर जाबिराना, लेकिन मेहरबान और क़ानून का पाबन्द (Benevolent Depotion and Rule of Low) कहा है। जाबिरियत चाहे जितनी मेहरबान क्यों न हो, उसकी एक विशेषता यह है कि वह क़ायदे-क़ानून ख़ूब लागू करती है। अकबर की निगाह में ब्रिटिश क़ायदे-क़ानून लागू करना एक तरह का सांस्कृतिक आक्रमण था क्योंकि इसकी वजह से हिन्दुस्तानियों को अपनी जीवन शैली बदलने पर मजबूर होना पड़ता था। अकबर ने अक्सर इस क़ायदे-क़ानून की ज्यादती के लिए 'लैसन्स' का रूपक इस्तेमाल किया है–

हर गाम पे चन्द आँखें निगराँ, हर मोड़ पे इक लैसन्स तलब
इस पार्क में आख़िर ऐ अकबर मैंने तो टहलना छोड़ दिया[24]

रात में लैसन्स ही काफ़ी है इज़्ज़त के लिए
बस यही ले लीजिए तलवार रहने दीजिए[25]

पूछते क्या हो कि तू पीरू है या हरबन्स है
बन्दा जो कुछ हो बहरहालत बिला लैसन्स है[26]

अकबर इलाहाबादी की बदलती हुई दुनिया में केवल उन चीज़ों के नुकसान का दर्द नहीं, जो खो गईं। अंग्रेज़ों का विजित और उनके मातहत हिन्दुस्तानी जब उनके नए बसाए जाने की व्यवस्था का हिस्सा बने तो उसने वफ़ादारी के जोश में अंग्रेज़ के भी कान काट लिए और 'जाबिर लेकिन मेहरबान' देसी अफ़सर विदेशी से बढ़कर ज़ुल्मपसन्द निकला–

तहमद में बटन जब लगने लगे जब धोती से पतलून उगा
हर पेड़ पे इक पहरा बैठा हर खेत में एक क़ानून उगा [27]

अकबर की रचनाओं का वह भाग आधुनिक समालोचकों के लिए सबसे ज़्यादा नाराज़गी का कारण बना है जहाँ वह पाइप के पानी और छापाख़ाना और अख़बार और रेलगाड़ी जैसी खुली हुई मुनाफ़ेवाली चीज़ों की ईजाद को भी बज़ाहिर रद्द करते हुए नज़र आते हैं। सरसरी नज़र से पढ़िए तो वाक़ई तअज्जुब बल्कि अफ़सोस भी होता है कि अकबर ने आधुनिक और रौशन ख़याल ज़िन्दगी की ऐसी उपयोगी और आवश्यक चीज़ों का स्वागत करना तो दूर रहा, उन्हें अपने यहाँ जगह देने से भी इनकार किया लेकिन अस्ल मामला कुछ और है। अकबर का विरोध तरक़्क़ी के इन नए माध्यमों के विरुद्ध नहीं था। उनका विरोध यह था कि उनकी नज़र में ये नई चीज़ें ग़ुलामी की प्रतीक थीं और यह कि नाम निहाद तरक़्क़ी और बेहतरी के पर्दे में ये तब्दीलियाँ हिन्दुस्तानी जीवन शैली और तहज़ीब को तबाह करने का काम कर रही थीं। इन तब्दीलियों (मसलन पानी के नल के माध्यम से घर बैठे पानी की सहूलियत) का फ़ायदा तो चन्द लोग ही उठा सकते थे, लेकिन अकबर की निगाह पानी के पाइप के साथ वाटर वर्क्स, सड़कों पर कीचड़ और इस तरह के पानी की बहुतायत और उससे पैदा होनेवाले वातावरण के प्रदूषण पर भी थी। शहरों में वाटर वर्क्स स्थापित होने का एक नापसन्दीदा नतीजा उनकी नज़र में यह भी था कि ज़िन्दगी से कुएँ गायब होने लगे और रोज़ाना इस्तेमाल के पानी के सरचश्मे के तौर पर नदियों का इस्तेमाल ख़त्म होने लगा। इसके अलावा, उन्हें यह भी एहसास था कि ये तरीक़े शहरों के आर्थिक जीवन और प्राकृतिक वातावरण पर बुरा असर डाल रहे हैं–

ताउन-न-व-तोप-व-खटमल, मच्छर सब कुछ है यह पैदा कीचड़ से
बम्बे की रवानी एक तरफ़ और सारी सफ़ाई एक तरफ़[28]

किश्त-ए दिल को नफ़अ पहुँचे अश्क ऐसी चीज़ है
दीदा-ए गिरियाँ पे वाटर टैक्स की तज्वीज़ है[29]

ये मौज-ए फ़ैज़ है तहज़ीब की या उसका तूफ़ाँ है
कुआँ मौजूद है घर में तो फिर पानी का नल कैसा[30]

इस बात की व्याख्या करने की ज़रा भी ज़रूरत नहीं कि घर के कुएँ को पानी का ऐसा सरचश्मा करार देना जो घरेलू, ख़ालिस और इस्तेमाल करनेवाले के पूरे क़ाबू में है, कुएँ को पूरी हिन्दुस्तानी सभ्यता का प्रतीक बना कर पेश करना है, और मेरे ख़याल में इससे भी महत्त्वपूर्ण बात यह है कि इस तब्दीली का मतलब अकबर की नज़र में क्या था? हममें से जो लोग कृष्ण लीला और नदी किनारे या पनघट पर गोपियों और पानी भरनेवालियों के हुजूम वग़ैरह बातों के सांस्कृतिक महत्त्व से वाकिफ़ हैं, वो इस नुक़ते को ज़्यादा बेहतर तौर पर महसूस कर सकते हैं कि संवदेनशील दिलवालों के लिए ऐसे पानी की कल्पना कितनी नापसन्दीदा होगी जो तिजारती माल की तरह किसी कम्पनी या संस्थान के कब्ज़े में हो और लोग इस बात पर मजबूर हों कि पानी जैसी चीज़ किसी कम्पनी या संस्थान से प्राप्त करें! पानी की रसद और तक़सीम के नए तरीक़ों के कारण इन सांस्कृतिक मूल्यों और रस्मों और इस साहित्यिक और अफ़सानवी सरमाये के ग़ायब हो जाने की सम्भावना थी जिनका सम्बन्ध कुएँ, पनघट, नदी के घाट और बाहर से या कुछ दूरी से पानी लाने और ले जाने से था।

वह ज़ेहन जो हिन्दुस्तानी रिवायत की गोद में पला-बढ़ा था, उसके लिए कुआँ केवल कुआँ और नदी सहज नदी न थी। पहली बात तो यह थी कि नदी और कुएँ के पानी की कोई क़ीमत न थी और उसकी तिजारत न होती थी। देहात में भी ज़ात-पाँत का फ़र्क़ या अन्य कारणों से कुएँ बँटे हुए थे, किसी कुएँ से भी लोग बिना क़ीमत पानी लेते थे। दूसरी बात यह कि

क़ैफ़ियत या मात्रा दोनों एतबार से कुएँ या नदी के पानी पर पानी निकालनेवाले का अधिकार था, यानी वह जानता था कि यह पानी कैसा है और कितना है। पाइप के पानी में यह बात न थी, कि यहाँ तो उपभोक्ता के हाथ में कोई अख़्तियार न था। वाटर वर्क्सवाले जब चाहते और जितना चाहते, और जिस रफ़्तार से चाहते, पानी देते थे। और फिर शायद सबसे महत्त्वपूर्ण बात यह थी कि कुआँ या नदी का घाट भावनात्मक और आत्मिक लेन-देन की जगह थे और सामाजिक-सांस्कृतिक और धार्मिक जीवन में इनका महत्त्व था।

दिल्ली जैसे बड़े शहरों में भी कुओं का कितना महत्त्व था, इसका कुछ अन्दाज़ा ग़ालिब के पत्रों से हो सकता है। दिल्ली विजय के बाद अंग्रेज़ों ने जो आफ़त 1857 और 1858 में दिल्लीवालों और दिल्ली की इमारतों पर तोड़ी, उस पर बस न करके, आइन्दा के तीन-चार वर्षों में तरक़्क़ी और फिर रेल की सहूलियत के नाम पर अंग्रेज़ों ने दिल्ली में और भी तोड़-फोड़ की। मजरूह के नाम सन् 1860 या 1861 में लिखे पत्र में ग़ालिब लिखते हैं–

"कारी का कुआँ बन्द हो गया। लाल डिग्गी के कुएँ एकदम खारी हो गए। ख़ैर खारी पानी ही पीते, गरम पानी निकलता है। परसों मैं सवार होकर कुओं का हाल दरियाफ़्त करने गया था...क़िस्सा मुख़्तसर, शहर सहरा हो गया था। अब जो कुएँ जाते रहे और पानी गौहर-ए-नायाब हो गया, तो यह सहरा सहरा-ए करबला हो जाएगा।"[32]

पाइप का पानी तमाम कुओं की जगह तो न ले सकता था, और कुएँ के पानी की तरह निर्मूल्य भी न था लेकिन बात केवल दिक़्क़त और क़ीमत की न थी। बात दरअस्ल एक नई तरह की पाबन्दी की थी, कि अब पानी आपकी मर्ज़ी के अनुसार उपलब्ध न रह गया था, आप पानीवाले की भी मर्जी के मोहताज हो गए थे। अगर पाइप न चले तो पानी न मिले। पानी अब प्राकृतिक देन न रह गया था बल्कि इन्सानों द्वारा बनाए जाने जैसा हो गया था।

अकबर ने एक बार क़मरुद्दीन अहमद को अपना शे'र सुनाया–

पाइप कोई खुला नहीं घर में लगी है आग
अब भागना ज़रूर हुआ ग़ौर क्या करें

क़मरुद्दीन अहमद लिखते हैं कि अकबर ने यह शे'र कहने का कारण इस तरह बयान किया।

(अकबर ने) फ़रमाया कि थोड़ा-सा अरसा हुआ, चौक की दुकानों में आग लगी। उस वक़्त पानी बन्द होने से रिआया (प्रजा) का सख़्त नुकसान हुआ। मैंने मज़कूरा (उक्त) शे'र इस ख़याल से मुतास्सिर होकर लिखा था। क्या कहा जाए साहब कि–

'आबो-दाना पे हुक्मरानी है'

अगर उस वक़्त पहले ज़माने की तरह कुएँ होते तो आग उसी वक़्त काबू में लाई जा सकती थी। शहरों में बदलाव देखो कि हुक्मराँ तबक़ा (शासक वर्ग) और उमरा (अमीर लोग) सिविल लाइंस में है, गुरबा (ग़रीब लोग) के लिए ज़ीस्त (जीवन) के दिन गुज़ारने के वास्ते शहर की गन्दी गलियाँ है। मुराद इससे यही है कि अमीर व ग़रीब यकजा (एक जगह) न होंगे, न एक-दूसरे के दुःख-दर्द से हमदर्दी होगी।[33]

यहाँ यह बात भी ग़ौर करने योग्य है कि अकबर ने प्रजा में फ़र्क़ और बँटवारे की बात की है और नई वर्गीय फ़र्क़ हदबन्दियों के वज़ूद में आने की तरफ़ जो इशारा किया है, वह अपने वक़्त से बहुत आगे की बात है। बीसवीं शताब्दी के अन्त में कहीं जाकर शहरी मंसूबा बन्दी के माहिरों ने शहरों में उस फ़र्क़ की बुराइयाँ महसूस कीं जो नई व्यवस्था के तहत अंग्रेज़ों ने यहाँ चलाई थीं।

सांस्कृतिक शक्ति और सामाजिक जीवन में तालमेल के प्रतीक के तौर पर हमारे यहाँ नदियों का महत्त्व कुओं से अधिक था। लोगों का ख़याल था कि विभिन्न नदियों के पानी की अपनी अलग विशेषता है। बाज़ नदियों की पवित्रता इससे बढ़ी हुई थी। यह बात कुछ असाधारण न थी कि मुसाफ़िर अपने साथ गंगा या किसी और पसन्दीदा नदी का पानी साथ लेकर चलते थे। मुहम्मद तुग़लक (शासनकाल 1325 से 1351 तक) जैसा सुल्तान भी

अपना पसन्दीदा गंगाजल एक हज़ार मील दूर दकन देस में हर रोज़ मँगाता था।[33]

सम्राट अकबर के बारे में हमें मालूम है कि वह गंगा का पानी ही पीता था लेकिन पानी के बारे में उसके यहाँ कुछ और भी बातें थीं। अबुल फ़ज़्ल ने उन नदियों का ज़िक्र किया है जहाँ का पानी अकबर के रसोईघर में इस्तेमाल किया जाता था[34]। सचाई यह है कि मुग़ल बादशाहों को वातावरण में प्रदूषण, पानी की सफ़ाई और इस तरह की 'आधुनिक' चीज़ों में बड़ी दिलचस्पी रहती थी और ज़ाहिर है कि इस दिलचस्पी ने एक तरफ़ हिन्दुस्तानी तहज़ीब पर असर डाला होगा तो दूसरी तरफ़ इस दिलचस्पी के पैदा होने में ख़ुद हिन्दुस्तानी तहज़ीब और रस्मों का भी दख़ल रहा होगा। जहाँगीर ने गुजरात के हालात में लिखा है कि यहाँ के लोग अपने तहख़ानों में बड़े-बड़े हौज़ बना कर (जहाँगीर ने 'बिरका' शब्द लिखा है) उनमें पानी भर कर बन्द कर दिया करते थे। जहाँगीर ने लिखा है कि भला ऐसा पानी क्योंकर हानिकारक न होगा जिसे महीनों तक हवा न लगे और जिसके वाष्प को उठने और ख़त्म हो जाने का मौक़ा न हो।[35]

आज के वक़्त और मुक़ाम के और क़रीब आइए तो ग़ालिब के पत्र हैं जिनमें नदियों के पानी का विशेष रूप से ज़िक्र है। रामपुर की कोसी नदी की तारीफ में ग़ालिब लिखते हैं–

"पानी का शुक्र किस मुँह से अदा करूँ। एक दरिया है कोसी सुबहानल्लाह! इतना मीठा पानी कि पीने वाला गुमान करे कि यह फीका शर्बत है। साफ़, सुबुक, गोरा, हाज़िम, सरीउन-नुफ़ूज़ (जल्दी फैल जानेवाले)।

"पानी सुभानल्लाह! शहर से तीन सौ क़दम पर एक दरिया है और कोसी उसका नाम है। बेशुबहा चश्मा-ए-आब-ए हयात की कोई सोत इसमें मिली है। ख़ैर, अगर यूँ भी है तो भाई आब-ए-हयात उम्र बढ़ाता है लेकिन इतना शीरीं कहाँ होगा।"[36]

इस तरह के तौर-तरीक़ों, रस्मों व रिवाजों और नदी या दरिया के पानी की इस मरकज़ियत के नुकसान ने अकबर से निम्नलिखित प्रकार के शे'र कहलाए–

पानी पीना पड़ा है पाइप का
हर्फ़ पढ़ना पड़ा है टाइप का

पेट चलता है, आँख आई है
शाह एडवर्ड की दोहाई है[37]

शाह एडवर्ड की दोहाई में करारा व्यंग्य है, इसकी व्याख्या शायद ज़रूरी न हो लेकिन यह ध्यान रहे कि टाइप के अक्षर के ख़िलाफ़ विरोध मात्र इस बिना पर नहीं था कि टाइप के अक्षर छोटे होते थे। यह मामला उत्पाद के तरीक़े और स्तर की ऊँचाई पर लेखक के क़ाबू का भी था। किताबें छपने के ज़माने के पहले किताबें अक्सर किसी सुलेख लिखनेवाले (ख़त्तात) से लिखाई जाती थीं और ख़त्तात से काम लेनेवाला शख़्स, जो अक्सर लेखक ही हुआ करता था, उसके काम पर अपनी नज़र रखता था और चूँकि हर किताब गोया अपनी जगह बेनज़ीर थी और ख़त्तात शैली, रौशनाई, सजावट आदि में लेखक की मर्ज़ी का पाबन्द था। लिहाज़ा इस तरह जो किताब तैयार होती थी, सिद्धान्तः गलतियों से पाक और वांछित स्तर की होती थी। और ज़ाहिर है कि छापेखाने से निकलनेवाली किताब पर लेखक का वाक़ई कुछ क़ाबू न था। लेकिन ग़लतियों के लिए अक्सर लेखक को ही ज़िम्मेदार ठहराया जाता था।

ग़ालिब की मिसाल सामने की है। वह अपनी किताब पर प्रेस का नहीं, बल्कि अपना क़ाबू चाहते थे ताकि स्तर गिरने न पाए। उनके पत्रों में जगह-जगह क़ातिब (सुलेख लिखनेवाला) या प्रेस या प्रूफ़ पढ़ने वाले की शिकायत मिलती है। 'दस्तम्बू' की छपाई की देखभाल मिर्ज़ा तफ़्ता कर रहे थे। उन्हें बड़ी ताक़ीद से ग़ालिब लिखते है–"कापी की स्याही ज़रा और स्याह और रख़्शन्दा (चमकदार) हो और आख़िर तक रंग न बदले।"[38] अब दीवान-ए उर्दू' के बारे में सुनिए–

"हर कापी देखता रहा हूँ। कापी निगार और था, मुतवस्सित जो कापी मेरे पास लाया करता था, वह और था...वह अल्फ़ाज़ ग़लत जूँ के तूँ हैं यानी कापी निगार ने न बनाए[39]।"

जुनून बरैलवी को ग़ालिब ने लिखा कि कातिब की ग़लती बेवजह लेखक के सर मढ़ दी जाती है। लोग नुस्ख़ा-ए मतबूआ (छपी हुई प्रति) से प्रेस की ग़लती नहीं मानते। कापीनवीस के जुर्म में लेखक बेचारा पकड़ा जाता है।[40]

इस तरह देखिए तो टाइप के अक्षर के ख़िलाफ़ हल्के हास्यप्रद विरोध के पर्दे में अकबर दरअसल उस अधिक पैदावारी तहज़ीब की शिकायत कर रहे हैं जिसमें ज़्यादा से ज़्यादा और जल्दी छापने के ख़ातिर स्तर को गिरा दिया जाता था। जो चीज़ पहले फ़नपोर (कला का नमूना) का दर्जा रखती थी, अब बेजान तरीक़ों से बनती है और उसमें ग़लतियाँ बेशुमार होती हैं। इन्हीं कारणों से अकबर को फ़ोटोग्राफी भी पसन्द नहीं थी और ग्रामोफ़ोन भी, कि दोनों ही में शख़्स और उसके गुण अलग हो जाते हैं और छपी हुई तस्वीर तो और भी नापसन्दीदा थी कि वह नक़्ल की नक़्ल है–

हमको अपने एलबम पर नाज़ का है क्या महल
बेहद अरज़ाँ हो गया है अब तो फ़ोटो आपका
आपके दर्शन मुसव्विर के भी हिस्से में नहीं
बस लिया जाता है फ़ोटो ही से फ़ोटो आप का [41]

क्या अजब हो गये मुझसे मेरे दमसाज़ जुदा
दौर-ए-फ़ोनो में गले से हुई आवाज़ जुदा [42]

कुछ ऐसा ही तनाव बल्कि शायद इससे बदतर, टेलीफ़ोन के साथ था कि टेलीफ़ोन पर बात करते वक़्त जिससे बात हो रही होती है, वह सामने होता ही नहीं, अतः फोन पर इनकार कर देना आसान होता है–

उम्मीद-ए-चश्म-ए-मुरव्वत कहाँ रही बाक़ी
ज़रिया बातों का जब सिर्फ़ टेलीफोन हुआ [43]

अकबर की दृष्टि में अख़बार भी एक प्रकार का सांस्कृतिक आक्रमण था। ब्रिटिश तिजारत और ब्रिटिश सूचना माध्यमों में उन्हें कोई अन्तर नहीं नज़र आता था। (यह अन्तर हमें अब नज़र आ रहा है जब इसको स्थापित

हुए एक शती गुज़र चुकी है) दूसरी बात यह थी कि बिक्री बढ़ाने के लिए आक्रामक अन्दाज़ के कारण अख़बार न केवल तिजारत का माध्यम था, बल्कि ग़लत सूचनाएँ भी देता था। विज्ञापन की दुनिया में हर चीज़ अपनी जगह पर बेहतरीन थी और चीज़ किसी और ज़रूरत को राह देती थी। फिर एक पहलू यह भी था कि अख़बारों का दबदबा बहुत था। अतः भोले-भाले ही नहीं, पढ़े-लिखे हिन्दुस्तानी भी इस चक्कर में रहते थे कि अख़बार में उनका नाम आ जाए। और अगर कोई लेख छप जाए तो कहना ही क्या है। अख़बार को इतना ज़्यादा सम्मानजनक बना देना अकबर की नज़र में राष्ट्रीय स्वाभिमान के ख़िलाफ़ था–

चीज़ वो है बने जो यूरोप में
बात वो है जो पानियर में छपे[44]

अपनी गिरह से कुछ न मुझे आप दीजिए
अख़बार में तो नाम मेरा छाप दीजिए

देखो जिसे वो पानियर आफिस में है डटा
बहर-ए-ख़ुदा मुझे भी कहीं छाप दीजिए

चश्म-ए-जहाँ से हालत-ए अस्ली छिपी नहीं
अख़बार में जो चाहिए वो छाप दीजिए[45]

घर के ख़त में है कि कल हो गया चेहलम उसका
पानियर लिखता कि बीमार का हाल अच्छा है[46]

हवा-ए तूबा है अब न सर में, न मौज-ए-कौसर है अब नज़र में
हवस अगर है तो बस यही है कि हम भी छप जाएँ पानियर में[47]

मुझे भी दीजिए अख़बार का वरक़ कोई
मगर वो जिसमें दवाओं का इश्तहार न हो[48]

आख़िरी शे'र ख़ास तौर पर दिलचस्प है। अपनी बौद्धिकता और दूरबीनी के कारण अकबर यह बात जान गए थे कि इश्तहार छापना अख़बारों का अस्ल काम नहीं। इंग्लैण्ड में जब अख़बार छपना शुरू हुए तो उनमें पार्लियामेंट की बहसों के ब्योरे के सिवा कुछ न होता था। यह तो उन्नीसवीं शताब्दी की औद्योगिक क्रान्ति और उससे उत्पन्न पढ़े-लिखे मज़दूरों की भारी फ़ौज के कारण था कि अख़बारों में अपराध, फ़ौजदारी के मुकदमे, अपहरण वग़ैरह आदि की 'सनसनीख़ेज' ख़बरें भी छपने लगीं। विज्ञापन तो और बाद में आया यानी उस ज़माने में, जब असेम्बली लाइन की उत्पादन पद्धति और उद्योग का चलन हुआ और हर चीज़ बहुत अधिक मात्रा और संख्या में बनाई जाने लगी। इस तरह अख़बार, जो मूलतः राजनीतिक शिक्षा का ज़रिया था, बड़े धन्धे और बड़े पैमाने पर उत्पाद बेचने का महत्त्वपूर्ण खिलाड़ी बन गया।

अख़बार को विज्ञापन का ज़रिया नहीं बनाना चाहिए, ऐसा लगता है कि उन्नीसवीं शताब्दी के हिन्दुस्तान में भी बहुत से लोग ऐसा मानते थे। अख़बार का अंग्रेज़ी रूप जिसमें वह हरफ़नमौला क़िस्म का मार्गदर्शक था, हिन्दुस्तानी तहज़ीब के साथ कुछ ज़्यादा मेल न खाता था। रतननाथ सरशार का 'फ़साना-ए आज़ाद' ऐसा विषय नहीं है जिसमें हिन्दुस्तानी तहज़ीब विशेष रूप से हिन्दू + मुस्लिम संस्कृति की प्रशंसा हो। सरशार की नज़र में कोई बात उसी समय सच्ची साबित होती है जब अंग्रेज़ उस पर मुहर लगा दे। किताब के बिलकुल आरम्भ में मियाँ आज़ाद (मुख्य पात्र) और वेश्या की वार्ता देखें–

आज़ाद : आज प्रोफ़ेसर लाक साहब ज़बान-ए-पाक संस्कृत की अशरिफ़यत पर लेक्चर देनेवाले हैं। यह बुजुर्गवार बड़े मुकद्दस और आलिम-ए-यगाना, यकता-ए-ज़माना, मशहूर-ए-दयारे अमसार हैं।

छम्मीजान : लाहौल विला क़ूवत! भई ख़ुदा की क़सम, कितने भोंड़े हो, कितना ख़राब मिज़ाक़ है। प्रोफ़ेसर साहब के मशहूर होने की एक ही कही। हम इतने बड़े हुए, आज तक नाम भी सुना हो तो क़सम लीजिए। क्या दुन्नी ख़ाँ से ज़्यादा मशहूर हैं?[49]

हिन्दुस्तानी औरत की दुनिया कितनी तंग और उसका दिमाग़ कितना

छोटा है और ख़ुराफ़ात से भरा हुआ है। इस को छोड़िए, इस बात को देखिए कि संस्कृति (यानी हिन्दुस्तानी तहज़ीब) की ख़ूबी बस इतनी, उसी हद तक और उसी वक़्त है जब कोई पश्चिमी (यानी अंग्रेज़) विद्वान उसे प्रमाणित करे। मियाँ आज़ाद प्रतिनिधि हैं नए इंसान के, जिसने इस वास्तविकता को समझ लिया है और छम्मीजान (यहाँ वह मात्र तवायफ़ नहीं बल्कि पूरी हिन्दुस्तानी तहज़ीब की प्रतिनिधि) ऐसी उल्टी बुद्धि की है कि जब कोई अंग्रेज़ विद्वान उसकी ख़ूबियाँ बयान भी करना चाहता है तो वह सुनती नहीं, अपनी ही गाती रहती है। यह तहज़ीब बुद्धिहीन भी है और अवनति की ओर भी जा रही है। उसे यक़ीन नहीं कि कोई यूरोपीय विद्वान उसके तबेले के बराबर विख्यात हो सकता है।

ख़ैर, तो अब इसी 'फ़साना-ए-आज़ाद' में अख़बार का हाल पढ़ें, फिर अकबर के दृष्टिकोण का आधार स्पष्ट हो जाएगा। मियाँ आज़ाद के एक मित्र बहार को यह बात कुछ पसन्द नहीं आई है कि अख़बार में किसी रिक्त पद के बारे में विज्ञापन छपा है कि लोग उसके लिए प्रार्थनापत्र दें–

बहार : ख़ुदा कामयाब करे। लेकिन सुनिए तो सही, यह तो अख़बार है। इसमें ख़ुलू-ए-ओहदा और तनख़्वाह और दरख़्वास्त का कैसा झगड़ा? इसमें मुहारबा का हाल या जंगो-जदाल, इल्मी और पौलिटिकल क़ीलो क़ाल चाहिए या जंजाल?

आजाद : तो क़िबला (श्रीमान) आपने अख़बार पढ़ा ही नहीं। पीर व मुरशिद (गुरु) अख़बार तो इत्र मजमूआ (सुगन्ध) है। लड़कों का अतालीक, जवानों का नासेह शफ़ीक, बुड्ढों के तजरिबे की कसौटी, रुक्न-ए-रकीन-ए सल्तनत, तुज्जार का दोस्त, सन्नाओं का यारेग़ार, रेआया का वकील, जम्हूर-ह अनाम का सफ़ीर, मुदब्बिरों का मुशीर। किसी कालम में मुल्की छेड़छाड़, कहीं सोशल उमूर में तकरार, कहीं अश्आर-ए-आबदार, कहीं नोटिस और इश्तहार। अंग्रेज़ी अख़बारों में तरह-तरह की बातें दर्ज होती हैं और देसी अख़बार भी उनका ततब्बो करते हैं।[50]

ज़ाहिर है कि यहाँ भी मियाँ आज़ाद आधुनिक मानव का प्रतिनिधित्व कर रहे हैं। उनके लिए अख़बार केवल सूचनात्मक काग़ज़ नहीं, शिक्षा का बदल और ज़ेहनों पर क़ब्ज़ा ज़माने का शक्तिशाली माध्यम है। मियाँ आज़ाद

को हरफ़न मौलाई तरीक़ा, बिक्री बढ़ाने, निजी मामलात को सबके सामने बहस में लाने की अदा, ये सब बातें भली लगती हैं और अकबर की दृष्टि में इसका सबसे पहला उद्देश्य ज्ञान या शिक्षा को बढ़ावा देना नहीं, तिजारत और अंग्रेज़ी हुकूमत के इन्तज़ामी और राजनीतिक लाभ और मकसद को बढ़ावा देना है। पद्म सिंह शर्मा के नाम एक ख़त में अकबर ने अख़बार को उन चीज़ों के साथ रखा था जो उनके ख़याल में बँटवारे और आपसी झगड़े को फलने-फूलने का मौक़ा देती हैं।

"एक-एक बादा-ए-ख़ुदपरस्ती में महव व सरशार है। कौंसिल और कमेटी और अख़बार मौजूद हैं। फिर आपस में मुहब्बत बढ़ाने, भाई-चारा करने की क्या ज़रूरत है?"[51]

ब्रिटिश हुकूमत के सामाजिक, राजनीतिक और सांस्कृतिक उद्देश्यों को अख़बार से भी ज़्यादा बेहतर तौर पर कोई पूरा करता था तो वह रेलगाड़ी थी। अकबर ने मालगाड़ी, रेल और इंजन का ज़िक्र बार-बार किया है–

मालगाड़ी पे भरोसा है जिन्हें ऐ अकबर
उनको क्या ग़म है गुनाहों की गिराँबारी का[52]

तन्हाई वह ताअत का ये दौर है अब दुश्मन
पेड़ों पे न वो तायर सहरा पे न वो जोबन

जंगल के जो थे साईं वो रेल के हैं पाईं
इमली की जगह सिगनल कुमरी की जगह इंजन[53]

अकबर के वातावरण सम्बन्धी सरोकार और चिन्ताएँ अपने ज़माने से आगे तो हैं ही, अपनी शिद्दत में वह उनकी सामाजिक और राजनीतिक चिन्ताओं से कम नहीं। मोमिन के शिष्य मीर हसन तस्कीन देहलवी का यह शे'र सबका सुना होगा–

अभी इस राह से कोई गया है
कहे देती है शोख़ी नक़्श-ए-पा की

अकबर की पैरोडी बेहद आनन्ददायक लेकिन अन्दर-ही-अन्दर तल्ख़ी से भरी हुई भी है–

अभी इंजन गया है इस तरफ़ से
कहे देती है तारीकी हवा की [55]

रेलवे इंजन ने आधुनिक इंसान को घमण्ड और अनावश्यक आत्मविश्वास से भर दिया है–

सुनते नहीं हैं शेख़ नई रोशनी की बात
इंजन की उनके कान में अब भाप दीजिए[56]

आगे इंजन के दीन है क्या चीज़
भैंस के आगे बीन है क्या चीज़[57]

अकबर ने रेलवे इंजन का ज़िक्र बड़ी तल्ख़ी और व्यंग्य के साथ बहुत अधिक किया है। रेल के फ़ायदे से तो सभी वाकिफ़ थे, लेकिन रेल की सामाजिक और सांस्कृतिक हानियों पर अकबर की नज़र जिस तरह पड़ी है उसकी मिसाल मिल नहीं सकती। उन्हें पूरा एहसास था कि नए सिरे से बसाए गए लोगों के आर्थिक शोषण के आले और शासन में एक ताक़तवर राजनीतिक बयान के तौर पर रेलगाड़ी एक बेहद प्रभावी ईजाद है–

उसका पसीजना है और उसके हैं भपारे
यूरप ने एशिया को इंजन पे रख लिया है[58]

मैंने इस लेख में अकबर की भाषा और उनकी शैली की सुन्दरता पर अपना ख़याल ज़ाहिर नहीं किया है। लेकिन यहाँ मैं 'इंजन पे रख लिया है' के ज़ोर की दाद दिए बग़ैर नहीं रह सकता।[49] तलवार पर रख लेना, तलवार की बाढ़ पर रख लेना, गोलियों की बाढ़ पर रख लेना वग़ैरह मुहावरे तो हैं ही, अंग्रेज़ी का मुहावरा To put to the Sword भी ज़ेहन में आता है। फिर यह 'पे रख लिया है' में शिकार मार कर घोड़े की पुश्त या ज़ीन पर रख लेने की तस्वीर साफ़ नज़र आती है। 'पे रख लिया है' में मुलाज़िम रखने

या 'ड्यूटी पर लगाने' का मतलब भी है। और भी बारीकियाँ हैं, लेकिन बात यहाँ ख़त्म करता हूँ कि अकबर ने केवल हिन्दुस्तान और बरतानिया का ज़िक्र नहीं किया है, एशिया और यूरोप की बात की है। कुछ और शे'र देखें–

मशीनों ने किया नेकों को रुख़्सत
कबूतर उड़ गए इंजन की पीं से[60]

कहते हैं राह-ए तरक़्क़ी में हमारा नवजवाँ
ख़िज्र की हाजत नहीं हमको जहाँ तक रेल है[61]

अकबर इलाहाबादी और इक़बाल हमारे सबसे पहले और सबसे बड़े नौआबादियाती साहित्यकार हैं। दोनों को ब्रिटिश सोच की अच्छी जानकारी थी और दोनों ही को पश्चिम ज़रा भी प्रभावित न कर सका। इस बात को मद्देनज़र रखें कि बीसवीं शताब्दी के आरम्भ में और उन्नीसवीं शताब्दी के अन्त में हमारे सारे बुद्धिजीवी बौद्धिक रूप से पश्चिम की ग़ुलामी में लगे थे, तो यह कोई मामूली बात नही।[62] पश्चिम के बारे में इक़बाल की मालूमात अपरोक्ष थीं और पश्चिमी से उनके विरोध की बुनियादें दार्शनिक और बौद्धिक थीं। अब्दुल माज़िद दरियाबादी के नाम अकबर के पत्रों से मालूम होता है कि स्वयं अकबर भी पश्चिमी सोच से अनभिज्ञ नहीं थे[63] लेकिन उनके सरोकार और चिन्ताएँ ज़्यादातर अमली दुनिया के मामलात से सम्बन्धित थीं। अकबर को आधुनिक हिन्दुस्तान की सामाजिक, राजनीतिक और धार्मिक समस्याओं से दिलचस्पी थी। इक़बाल का ख़याल था कि उन्होंने हिन्दुस्तान, विशेष रूप से हिन्दुस्तानी मुसलमान की समस्याओं के ऐसे समाधान ढूँढ़ लिए हैं जो अमली भी हैं और दार्शनिक भी। लेकिन अकबर इस नतीजे पर पहुँचे थे कि कुछ ज़्यादा सुधार मुमकिन नहीं। उन्होंने 2 नवम्बर, 1912 के पत्र में पद्म सिंह शर्मा को लिखा–

"ज़माने का रंग आप देख रहे हैं। झूठी इज़्ज़त और नुकसान रसाँ लज़्ज़तों का शौक़ तबीयतों पर ग़ालिब है। नाम है मुल्की तरक़्क़ी का, लेकिन कोशिश उन बातों की हो रही है जिनसे सोसाइटी टुकड़े-टुकड़े हो जाएगी।"[64]

इसी तरह अपनी शायरी के बारे में 1917 के एक पत्र में अकबर ने सैयद सुलेमान नदवी को लिखा–

"ये नज़्में इन्क़लाब रोकने के लिए नहीं, यादगार-ए इन्क़लाब हैं।" हिस्सा दोम में यह शे'र पाइयेगा–

नज़्म-ए-अकबर को समझ लो यादगार-ए इंक़लाब
यह उसे मालूम है टलती नहीं, आयी हुई।[65]

ध्यान रहे कि 'आयी' के मायनी 'मौत' भी है। इस शब्द का इस्तेमाल इशारा करता है कि अकबर को ख़ूब मालूम था कि नया समाज और नई व्यवस्था तो आकर रहेगी। देखना सिर्फ़ यह था कि पुरानी सांस्कृतिक मान्यताएँ ख़त्म होने से कहाँ तक सुरक्षित रखी जा सकती हैं। वह ख़ुद को ऐसी फ़ौज के पिछले दस्ते का सिपाही समझते थे जिसके पाँव तो उखड़ ही चुके थे और बस आख़िरी पंक्तियों में खड़े लड़ रहे थे। इसी कारण उनकी आवाज़ में तल्ख़ी के साथ-साथ गहरा दर्द भी है। पश्चिमी मान्यताएँ, पश्चिमी शासन का तरीक़ा और पुरानी मान्यताओं को त्याग कर नई मान्यताओं को अपनाने पर जितना ज़ोर उनके ज़माने में दिया जा रहा था, अकबर ने बग़ैर सोचे-समझे और केवल अपनी पारम्परिक क़दामत परस्ताना ज़िद की बिना पर उनका विरोध नहीं किया था। बेशक उनकी तमन्ना थी कि देश आगे बढ़े, आधुनिक बने, लेकिन उन्हें इसकी क़ीमत के तौर पर हिन्दू-मुस्लिम में नाइत्तेफ़ाकी (मतभेद) उर्दू-हिन्दी झगड़ा, आत्मसम्मान का नुकसान, मान्यताओं को पुरानी क़रार दिया जाना, धर्म और इतिहास को तोड़-मरोड़ कर पेश किया जाना जैसी बातें स्वीकार नहीं थीं।

सम्भव है कि आज हममें से कुछ लोग ख़याल करें कि अकबर ने ज़रूरत से ज़्यादा तीव्र प्रतिक्रिया ज़ाहिर की या फिर वह मामले को कुछ ज़्यादा आसान बना कर पेश कर रहे थे लेकिन अकबर की नेकनीयती और उनके पक्ष की बुनियादी सचाई से इनकार नहीं किया जा सकता। वह अख़बार या रेलगाड़ी के विरोधी नहीं है, न वह उन चीज़ों के ख़िलाफ़ थे जिन्हें अंग्रेज़ी हुकूमत 'जन कल्याण' के कार्य कहती थी। अंग्रेज़ी युग में शिक्षा विभाग को Pubilc Instruction का विभाग कहते थे। भवन निर्माण

विभाग को अब भी Pubilc Works विभाग कहा जाता है। 'पब्लिक' के नाम पर ये विभाग हमारी सांस्कृतिक विरासत का शोषण कर रहे थे और अंग्रेज़ों की राजनीतिक और आर्थिक बरतरी को स्थापित करने, मज़बूत करने और फैलाने में सहायक थे। हम जानते हैं कि बाद के इतिहास ने अकबर को बड़ी हद तक सही साबित किया है।

सिद्दीक़ुर्रहमान क़िदवई उर्दू के उन चन्द समालोचकों में हैं जिन्होंने अकबर के हास्य-व्यंग्य को महत्त्व दिया है। वह कहते हैं कि अकबर ख़ुद पर हँसते हैं और इस हँसी की तह में पराजय का एहसास भी है, लेकिन उसकी तह में कहीं ज्ञान भी छिपा हुआ है कि दुश्मन, जो बज़ाहिर सफल है, अन्ततः उसको हमसे भी ज़्यादा बुरी पराजय नसीब होगी।[66] मेरा ख़याल है, यह कुछ ज़्यादती की बात है कि अकबर को बड़ा कवि साबित करने के लिए हम उन्हें भविष्य में देख लेने के गुण से भी अलंकृत देखें जो वास्तव में उनमें था नहीं। हाँ, यह ज़रूर है कि अकबर ख़ासे मज़बूत दिलो-दिमाग़वाले शख़्स थे, वह कोई छुई-मुई क़िस्म की चीज़ न थे। पराजय का आभास उनकी शायरी में हो या न हो, लेकिन घबराहट कहीं नहीं थी।

राल्फ़ रस्सेल का भी ख़याल है कि अकबर की शायरी और शख़्सियत में कुछ-कुछ इसी किस्म की अक़लियत पसन्दी और सर्द होशमन्दी थी जैसी मध्य बीसवीं शताब्दी के बाज़ विचारकों में नज़र आती है, और जो ख़ुद शायद रस्सेल के स्वभाव की विशेषता है। शायद इसीलिए रस्सेल ने लिखा है कि "अकबर उन कवियों में हैं जो नई और पुरानी रौशनी को मिलाकर देखते हैं लेकिन वह किसी एक की मुकम्मल और बेरोक-टोक हिमायत नहीं करते।"[67] इसके विपरीत, रस्सेल और ख़ुर्शीदुल इस्लाम की इस बात में ज़्यादा वज़न है कि "अकबर हरगिज़ काठ की तरह कट्टर और कल्पना शक्ति से ख़ाली और ज़िद्दी और पुराने विचारों के नहीं हैं जैसा कि बाज़ समालोचकों ने बयान किया हैं...असलन और बुनियादी तौर पर वह एक ऐसे शख़्स हैं जिसे बदलाव का एहसास शिद्दत से है जो बदलाव के नामुक़ावमत पज़ीर (मुक़ाबला की हिम्मत न कर पाने) होने का भी एहसास रखता है।"[68]

जो तसव्वुर अकबर की शायरी अन्ततः हम पर छोड़ जाती है, वह एक ऐसे शख़्स और शायर की है जिसे मामलात की राजनीतिक तहों और उसके मतलब का गहरा अहसास था। ऐसा शायर, जिसने ग़ज़ब का Sense of Humour और रचनाशक्ति पाई थी और जिसने अपने ज़माने के सामाजिक, राजनीतिक और सांस्कृतिक समस्याओं पर विश्वास न होने की हद तक नित नए विषयों पर लिखा। अगर किसी को अकबर के सन्देश से प्रेम न हो (और आज बहुत से ऐसे हैं) तो भी वह अकबर के देशप्रेम और अंग्रेज़ों के ख़िलाफ़ उनके दिल में उतनी ही ज़्यादा नफ़रत का एहसास किए बग़ैर नहीं रह सकता।

हिन्दुस्तानियों से जब अंग्रेज़ों ने सामाजिक सतह पर मेलजोल शुरू किया तो उन्होंने हिन्दुस्तानियों को घमंडी, तुनुक मिज़ाज और नफ़ासत पर ख़ास ज़ोर देनेवाला, बल्कि अंग्रेज़ों को ज़िल्लत (अपमानजनक) की निगाह से देखनेवाला करार दिया। उन्नीसवीं शताब्दी की आख़िरी तिहाई तक यह सब बदल जाता है। अब ज़्यादातर हिन्दुस्तानी, विशेष रूप से बुद्धिजीवी हिन्दुस्तानी, इस राय के हो जाते हैं कि हिन्दुस्तानी के मुक़ाबले में यूरोपीय, ख़ासकर अंग्रेज़ की नैतिक और कला की बरतरी पर जो भी कहा जाए, कम होगा। अकबर और इक़बाल यहाँ श्रेष्ठ नज़र आते हैं, और अंग्रेज़ को अकबर जितना पसन्द करते थे, उस हद तक शायद इक़बाल भी उन्हें नापसन्द न करते रहे होंगे।

अकबर ने डार्विन के नज़रिए पर कई दिलचस्प व्यंग्यात्मक शे'र लिखे हैं। सबसे मशहूर निम्नलिखित दो शे'र की नज़्म है जिसमें हाफ़िज़ (फ़ारसी कवि) की एक पंक्ति को बड़ी ख़ूबी से चस्पाँ किया गया है–

कहा मंसूर ने ख़ुदा हूँ मैं, डार्विन बोले बूज़ना हूँ मैं
हँस के कहने लगे मेरे इक दोस्त फ़िक्र हरकस बक़द्र हिम्मत ओस्त[69]

हम ऊपर देख चुके हैं कि अकबर ने एक इश्क़िया शे'र की पैरोडी करके उसे क्या से क्या बना दिया। यहाँ वह हाफ़िज़ के मशहूर इश्क़िया शे'र की दुनिया से आधुनिक वैज्ञानिक सोच पर विचार व्यक्त करने का नुक़्ता ढूँढ़ निकालते हैं–हाफ़िज़ का शे'र है–

तू व तूब व मा व क़ामत-ए यार
फ़िक्र हर कस बक़द्र हिम्मत ओस्त

ख़ैर, पैरोडी और दूसरों की कही बातों को अपने मतलब का बना कर इस्तेमाल करना तो अकबर ख़ूब जानते थे और जगह-जगह उन्होंने व्यंग्य की वो छुरियाँ चलाई हैं कि मत पूछिए। क़मरुद्दीन बदायूँनी लिखते हैं कि 28 जनवरी, 1921 को अकबर ने एक गुफ़्तगू के दौरान कहा–

"अगर डार्विन की यह थियेरी दुरुस्त है कि इंसान बन्दर से पैदा हुआ है तो इस मंज़िल-ए तमद्दुन (सभ्यता की मंज़िल) पर अहल-ए यूरप (यूरोपवासियों) को इंसानियत के बहुत से आला महासिन (विशेषताएँ) का हामिल होना चाहिए था। मगर ऐसा नहीं, इस पर अफ़सोस करता हूँ–

या इलाही ये कैसे बन्दर हैं
इरतक़ा पर भी आदमी न हुए"[71]

इस तरह अकबर की शायरी में सांस्कृतिक इतिहास का चक्र पूरा होता है बजाय इसके कि अंग्रेज़ हमें हिक़ारत से देखें, हम उन्हें हिक़ारत और मायूसी से देखते हैं। अकबर को अपने शायराना मरतबे का पूरा एहसास था। भले ही आज के लोग उन्हें जोकर या क़दामतपरस्त समझने लगे हों, लेकिन ख़ुद अकबर इस बात से पूरी तरह आगाह थे कि उनके उद्देश्य संजीदा थे और वह शब्दों के बहुत बड़े पारखी और बहुत बड़े फ़नकार थे।

अकबर मुश्किल से ही किसी को शायराना मरतबे के एतबार से ख़ुद से बेहतर समझते थे।[72]

उर्दू के बहुत से समालोचक इस पर ज़ोर देते हैं कि अकबर तरक़्क़ी के अन्धे विरोधी थे। उम्मीद है कि इस लेख ने इस राय को ग़लत साबित करने का काम किया होगा। लेकिन इतना तो ज़रूर कि अकबर में आत्मसम्मान का लिहाज़ और राष्ट्रीय गौरव का एहसास उनके आलोचकों से ज़्यादा था। और शायर की हैसियत से उन्हें बारीकी से देखनेवाली दृष्टि और बहुत ज़्यादा तेज काट रखनेवाली बौद्धिकता मिली थी। फिर उन्हें उर्दू

शायरी की लय का इतना असाधारण एहसास था और उनकी तकनीकी कुशलता ऐसी थी कि इक़बाल के सिवा उसकी मिसाल कहीं और नहीं मिलती। अपने युग पर टिप्पणी करनेवाले की हैसियत से उनके कलाम में वह बौद्धिक शक्ति, अंग्रेज़ों को तुच्छ समझने का वह बरफ़ीला जज़्बा और वह भड़कता हुआ ग़ुस्सा है जो अठारहवीं शताब्दी के बाद हमारे यहाँ नहीं पाया जाता था।

लेकिन यह सब होते हुए भी अकबर का दिल दर्द से भरा हुआ था। अपने इतिहास और संस्कृति को बर्बाद होते देखकर उनको बहुत तकलीफ़ पहुँचती थी, शायद इस वजह से कि वह जानते थे कि मैं ख़ुद भी किसी-न किसी तरह उन शक्तियों का हिस्सा हूँ जो मेरी विरासत को लिए जा रही हैं। शायद उनका यह शे'र उनकी मज़ार के पत्थर पर लिखने के लिए मुनासिब होता–

जो गुज़रोगे इधर से मेरा उजड़ा गाँव देखोगे
शिकस्ता एक मस्जिद है, बग़ल में गोरा वारिक है।[73]

सन्दर्भ सूची

1. देखें–'रुक्क़आत-ए अकबर' संकलक साहिल अहमद, उर्दू राइटर्स गिल्ड, इलाहाबाद, 1997, पृ. 181 अकबर के पत्रों का यह संकलन पहली बार लाहौर से मुहम्मद नसीर हुमायूँ ने शेख अब्दुल की भूमिका के साथ प्रकाशित किया था। साहिल अहमद ने अब इसे तफ़्सीली नोट और कुछ वृद्धि के साथ प्रकाशित किया है।
2. मकतूब-ए-अल्लामा इक़बाल, दिनांक 17 दिसम्बर, 1914 बनाम अकबर इलाहाबादी, 'कुल्लियात-ए मकातीब-ए-इक़बाल' में सम्मिलित प्रथम खंड, संकलक मुजफ़्फ़र हुसैन बनी, दिल्ली उर्दू अकादमी, 1991, पृ. 320
3. 'कुल्लियात-ए-अकबर', खंड तीन, असरार करीमी प्रेस, इलाहाबाद, 1940, पृ. 154
4. 'आब-ए हयात' मुहम्मद हुसैन आज़ाद, कलकता, 1967, पृ.187
5. 'तन्क़ीदी इशारे' आल-ए अहमद सुरूर, नज़ीर अहमद एण्ड संस, अलीगढ़,

1942, पृ. 87

6. 'कुल्लियात-ए अकबर' खंड तीन, पृ. 157
7. 'कुल्लियात-ए-अकबर' पहला खंड, असरार करीमी प्रेस, इलाहाबाद, पृ. 207/8
8. अकबर के यहाँ धार्मिक तौर-तरीक़े में भी प्रतिवाद उत्पन्न करने की कुछ ऐसी ही अदा पाई जाती है। 'बज़्म-ए-अकबर', क़मरुद्दीन बदायूँनी दिल्ली, अंजुमन तरक़्क़ी-ए उर्दू (हिन्द) 1940 पृ. 25,27,161 रुक़्क़आत-ए अकबर, पृ. 24-25
9. 'कुल्लियात-ए-अकबर' खंड दो, अदबी प्रेस, लखनऊ, पृ. 30
10. कुल्लियात पहला खंड, पृ. 161/2
11. कुल्लियात, पहला खंड, पृ. 1
12. कुल्लियात, पहला खंड, पृ. 199
13. देखें–असलूब अहमद अंसारी द्वारा संकलित पुस्तक Sir Sayed Ahmed Khan. A Centenary Tribute (Delhi Adam Publication, 2001)–David Leyveld डेविड लेलिवेल्ड का आलेख Macaucay's Curse : Sir Syed Mehmood शीर्षक से। वैसे यह बात अपनी जगह सही है कि सैयद महमूद को अंग्रेज़ी भाषा में ऐसी महारत थी कि अंग्रेज़ भी ईर्ष्या करते थे।
14. कुल्लियात, पहला खंड, पृ. 185/2
15. यह शे'र क़मरुद्दीन बदायूँनी की पुस्तक 'बज़्म-ए अकबर' के पृष्ठ 158 पर लिखा है। अकबर ने इसे कुल्लियात में शामिल नहीं किया। वजह ज़ाहिर है। लेकिन यह उनके सबसे ज़्यादा मशहूर शे'रों में से है।
16. 'बज़्म-ए अकबर' पृ. 64। यह शे'र भी कुल्लियात में नहीं है।
17. गाँधीनामा', पृ. 45। शे'र कुछ ग़लत छप गया है। मैंने अन्दाज़ से ठीक कर दिया है। इस शे'र के हवाले से मौलाना मुहम्मद अली का ज़िक्र 'बज़्म-ए अकबर' के पृ. 64,65 पर देखें।
18. 'बज़्म-ए अक़बर पृ. 146, 163, 164 और नोट, पृ. 164
19. 'गाँधीनामा', पृ. 1
20. कुल्लियात, खंड दो, पृ. 63
21. वही, पृ. 68
22. वही, पृ. 15
23. वही, पृ. 54

24. वही, पृ. 94
25. वही, पृ. 255
26. वही, पृ. 84
27. वही, पृ. 19
28. वही, पृ. 12
29. वही, पृ. 85
30. वही, पृ. 13
31. 'ग़ालिब के ख़ुतूत', संकलक ख़लीक़ अंजुम, खंड दो, ग़ालिब इंस्टीटयूट, नई दिल्ली, 1985, पृ. 524
32. 'बज़्म-ए अकबर' पृ. 122-3। अकबर का शे'र कुल्लियात, खंड तीन, पृ. 42 पर है और अपनी जो पंक्ति उन्होंने पढ़ी वह कुल्लियात, खंड तीन, पृ. 130 पर देखी जा सकती है।
33. इब्न-ए बतूता का बयान है कि 1327 में जब मुहम्मद तुग़लक ने दौलताबाद अपनी दूसरी राजधानी के तौर पर आबाद किया तो उसने हुक्म दिया कि उसके लिए गंगा का पानी रोज़ उत्तर भारत से लाया जाए। वहाँ आने-जाने में चालीस दिन लगते थे। देखें– Ibn-e Battuta : The Reblae Translated By Agha Mehndi Husain Baroda, The Oriental Institute 1953, पृ. 4
34. अबुल-फ़ज़्ल लिखता है : "कयाम हो या सफ़र, आला हज़रत सिर्फ़ गंगा का पानी पीते हैं...खाना पकाने के लिए जमुना और चिनाब का पानी, थोड़े से बारिश के पानी और गंगा के पानी में मिला कर इस्तेमाल किया जाता है।"

    देखें : आईन-ए अकबरी' पहला खंड, संकलक–एच. ब्लाक मान, पृ. 51। यह उद्धरण मैंने शीरीं मौसूमी की किताब Episodes in the Life of AkbUr : Contemporary Records and Reminiseences नेशनल बुक ट्रस्ट, दिल्ली, 1998 पृ. 100 से लिया है। इस हवाले और इब्न-ए बतूता के हवाले के लिए भी मैं प्रो. नईमुर्रहमान फारुक़ी (इलाहाबाद विश्वविद्यालय) का आभारी हूँ।
35. देखें Environment and Pollution in Mughal India एम. अफ़ज़ाल ख़ाँ, Islamic Culture खंड 76 1 जनवरी, 2002 पृ. 104-5। इस हवाले के लिए भी मैं प्रो. नईमुर्रहमान फ़ारुक़ी का आभारी हूँ।
36. (1) पत्र फ़रवरी, 1860 बनाम हकीम गुलाम नजफ़ ख़ान (2) पत्र फरवरी, 1860 बनाम मीर महदी मजरूह। देखें 'ग़ालिब के ख़ुतूत', संकलक–ख़लीक़

अंजुम, खंड दो, पृ. 630, 517

37. कुल्लियात, पहला खंड, पृ. 239
38. पत्र, दिनांक 18 अगस्त, 1858 देखें : 'ग़ालिब के ख़ुतूत', संकलक–ख़लीक़ अंजुम, पृ. 292
39. बनाम मीर महदी मज़रूह, 'ग़ालिब के ख़ुतूत', खंड दो, संकलक–ख़लीक़ अंजुम, पृ. 521
40. पत्र, दिनाँक 8 मई, 1864। देखें : 'ग़ालिब के ख़ुतूत', ख़लीक़ अंजुम, खंड चार, पृ. 1511। यह ध्यान में रहे कि प्रेस में मुलाज़िम ख़त्तातों को ग़ालिब ने बराबर 'कापी निगार' कहा है। ज़ाहिर है कि वह उन्हें 'क़ातिब' नहीं क़रार देते थे।
41. कुल्लियात, खंड तीन, पृ. 20
42. वही, पृ. 10
43. वही, पृ. 17
44. वही, खंड दो, पृ. 62
45. वही, पहला खंड, पृ. 254
46. वही, पृ. 68
47. वही, पृ. 226
48. सादिक़ुर्रहमान किदवई, इन्तखाब-ए-अकबर इलाहाबादी, मक़तबा-ए-जामिया, 1984, पृ. 153
49. रतननाथ सरशार, 'फ़साना-ए आज़ाद', 'पहला खंड, तरक़्क़ी-ए उर्दू कौंसिल, दिल्ली, पृ. 15 (पहला संस्करण 1980)
50. 'फ़साना-ए-आज़ाद', पहला खंड, पृ. 163
51. पत्र, दिनाँक 9 फरवरी, 1993, देखें : 'रुक्क़आत', संकलक–साहिल अहमद पृ. 126
52. कुल्लियात, खंड तीन, पृ. 8
53. वही खंड दो, पृ. 56
54. इस शे'र के लिखनेवाले के बारे में अकसर बहस रही है। बहुत से लोग इसे मोमिन का शे'र समझते हैं लेकिन मोमिन के कुल्लियात में यह नहीं मिलता। अर्श गयाबी ने लिखा है कि पहली पंक्ति मीर हुसैन तस्कीन की कही हुई है लेकिन वह इस पंक्ति पर दूसरी पंक्ति न कह सके तो थक-हार कर मोमिन के पास आए। मोमिन ने तुरन्त दूसरी पंक्ति जोड़ दी और शे'र आम आदमी

की ज़बान पर चढ़ गया। देखें : 'हयात-ए मोमिन', अर्श गयावी, पृ. 40, पहला संस्करण 1928-29। मेरे सामने उसका फोटो संस्करण है जो फ़रमान फ़तेहपुरी ने 'निगार, पाकिस्तान' के एक विशेषांक के तौर पर अगस्त, 1990 में प्रकाशित किया था।

55. कुल्लियात, पहला खंड, पृ. 251
56. वही, पृ. 254
57. वही, पृ. 342
58. वही, पृ. 104
59. आले-अहमद सुरूर ने अकबर की अपने फ़न में महारत और भाषा के बेहतरीन इस्तेमाल की तरफ़ इशारा किया है और लिखा है कि और कुछ नहीं तो यही विशेषताएँ अकबर की रचनाएँ पढ़े जाने के लिए बहुत हैं। देखें उनका आलेख 'अकबर की मआनवियत' संकलित, 'कुछ ख़ुतबे कुछ मेक़ाले', अलीगढ़, 1996, पृ. 70-71
60. कुल्लियात, दूसरा खंड, पृ. 46
61. वही, पृ. 98
62. इक़बाल की पुस्तक 'असरारो-रुमूज़' का अंग्रेज़ी अनुवाद (निकल्सन द्वारा) इंग्लैण्ड में बहुत लोकप्रिय हुआ था। इस पर अकबर ने शेख़ अब्दुल क़ादिर को लिखा (21 अप्रैल, 1921)–

    "मैं इक़बाल साहब की क़द्र इस सबब से नहीं करता कि दरबार-ए-लन्दन में वह मक़बूल (लोकप्रिय) हैं–

    तालिब हूँ मैं तो अपने ही दिल की निगाह का
    सौदा नहीं है मुझ को हरीफ़ों की वाह का

    देखें : 'रुक्क़ात', पृ. 115-16 अकबर का शे'र कुल्लियात में नहीं मिलता
63. रुक्क़आत पृ. 144-190
64. वही, पृ. 119
65. 'रुक्क़आत', पृ. 36-37 शे'र के लिए देखें कुल्लियात, दूसरा खंड, पृ. 83
66. देखें–सिद्दीक़ुर्रहमान क़िदवई Poet who caughed in Pain सम्मिलित of Clowns and Gods, Brahamans and Babus, Ed. Christine Oesterheld and C.P. Zoller, New Delhi. Manohar, 1999. p. 83-84
67. राल्फ रस्सेल, Hidden in the Lute, नई दिल्ली, 1995, पृ. 200

68. राल्फ रस्सेल और ख़ुर्शदुल इस्लामः The satirical Verse of Akbar Allahabadi, सम्मिलित The Pursuit of Urdu Literature, a select History, London, Zed Books 1999 p. 175
69. कुल्लियात, खंड तीन, पृ. 140-141
70. 'दीवान-ए-हाफ़िज़', तेहरान, 1949, पृ. 27
71. 'बज़्म-ए-अकबर', पृ. 165
72. वही, पृ. 217-218
73. कुल्लियात, दूसरा खंड, पृ. 48

❑❑❑